KB076552

세상을 바꿔라 III

세상을 바꿔라 Ⅲ

초판 1쇄 인쇄 ∣ 2015.10.20
초판 1쇄 발행 ∣ 2015.10.30
지은이 ∣ (사)오래포럼, 함승희 외
발행인 ∣ 황인욱
발행처 ∣ 도서출판 오래

주소 ∣ 서울특별시 용산구 한강대로 38 가길 7-18(한강로 2가, 은풍빌딩 1층)
이메일 ∣ orebook@naver.com
전화 ∣ (02)797-8786~7, 070-4109-9966
팩스 ∣ (02)797-9911
홈페이지 ∣ www.orebook.com
출판신고번호 ∣ 제302-2010-000029호

ISBN 979-11-5829-008-5 (03300)
정가 20,000원

세상을 바꿔라 III

오래포럼
함승희 외

圖書出版 오래

'세상을 바꿔라' 제1권(2012.4)과 제2권(2014.9)을 출간하면서 이미 이 책을 출간하는 취지, 사단법인 오래 포럼의 설립 목적, 그간의 활동내역 등에 대하여 상세히 기술한 바 있다.

이제 그 시리즈 제3권 발간에 즈음하여, 발간사를 보내달라는 출판사 측의 요청을 받고 적지 아니 당황했다. 또 써야 하나? 무슨 말을 해야 하나? 앞서 쓴 제1권과 제2권의 발간사 가운데 좋은 말만 골라 다시 쓸까도 생각해 보았지만, 이 역시 시간 낭비이고 부질없는 짓이라는 생각이 들어 이번에는 발간사 없이 발간하기로 하였다. 다만 기왕 주어진 지면이니 이 점만은 분명히 하고 싶다.

세상은 바뀌어야 한다. 아니 세상을 바꿔야 한다. 지도자의 리더십, 정치 문화, 사회적 갈등, 인구 구조, 국민 의식이 이대로 계속되면 구한말 조선이 망했듯이 대한민국도 정체되거나 서서히 망하게 된다.

세상을 바꾸려면 어떻게 해야 하나? 우선 강력한 개혁의 주도세력이 있어야 한다. 그 다음 견고한 동조세력과 민중적 지지기반이 형성되어야 한다. 대중적 지지 없는 개혁이나 혁명이 성공한 역사는 없다.

오래 포럼은 세상을 바꾸기 위하여 만들어졌다. 소리 없는 시민혁명을 도모하기 위하여 만들어졌다. 그리고 견고한 동조세력과 지지기반을 형성하고자 '세상을 바꿔라' 시리즈를 저술하기 시작했다. 각 분야의 전문가들이 밤잠을 설치고 주말과 휴가를 반납하면서 열심히 써 내려간 글들이다. 가슴 속 깊은 곳에서 우러나오는 열정과 열망을 토로한 내용이다. 그런데 아직은 이렇다 할 반향이 없다. 그래도 괜찮다.

구한말 외세의 팽창으로 조선 왕조의 명운이 풍전등화와 같을 때도 서양 정세에 무지한 백성에게는 위기 의식이 없었고, 지배계층은 망하는 그 순간까지 권력의 아귀 다툼에만 빠져 있었을 뿐, 아무도 '조선의 길'을 말해주는 이가 없었다. 그 무렵 유길준 선생은 서양의 선진 문물을 소개한 「서유견문」을 썼다. 별 관심을 끌지 못했다. 어떤 역사기록에 보면 겨우 1천권 정도 발매되었는데 그 조차도 금서로 지정되어 세상의 빛을 보지 못했다고 한다. 반면 이보다 30년 앞서 당시 조선과 비슷한 환경에 놓여 있던 일본의 후쿠자와 유키치는 「서양사정」이라는 책을 펴냈다. 서유견문보다 조금 두껍고 상세한 내용이다. 이 책은 25만권이나 팔려 나갔다고 한다. 당시 추산되는 일본열도의 인구가 3,500만 명이었으니, 열네 명에 한 명 꼴로 이 책을 읽은 셈이다. 이 책을 읽은 민중과 하급 무사들은 이대로 가다가는 머지않아 일본은 서양 열강에 지배당하겠구나 하는 절박한 위기의식을 갖게 되었다고 한다. 이렇게 해서 성공한 전면적 국가개혁이 바로 명치유신이다.

읽히지 않으면 읽힐 때까지, 관심을 끌지 못하면 관심을 끌 때까지 지속적으로 '세상을 바꿔라' 시리즈를 출간할 작정이다. 후쿠자와 유키치의 「서양사정」처럼 되면 더 좋겠지만, 유길준의 「서유견문」처럼 되더라도 상관 않겠다. 어찌 됐든 세상은 바뀌어야 하니까, 아니 세상을 바꿔야 하니까.

글을 써 보내주신 열다섯 분의 교수 전문가 분들께 감사한다. 그 중에 이번 기회에 편집하지 못한 네 분께는 특히 죄송스럽다. 내용이 중복되거나 책의 분량이 넘치게 되어 그렇게 됐다. 그리고 여러 가지 행사가 겹치기로 진행되어 일손이 모자람에도 묵묵히 원고의 가필, 정정, 편집, 출간의 일을 진행해준 오래포럼 사무국 요원들과 오래출판사 직원들께 감사한다.

2015.10
오래포럼 사무실에서
회장 함승희

| 차례 |

| 저자의 말 |

세상을 바꿔라 III

W~hy~ W~ho~ W~hat.~ ohrae.com: 국가개혁, 무엇이 문제인가

함승희

| 학력 |
- 서울대학교 대학원 수료
- 서울대학교 법학과 졸업

| 경력 및 활동사항 |
- (사)오래포럼 이사장
- 제16대 국회의원
- 미국 연방검찰청, FBI, DEA에서 연수
- 미국 스탠포드대학, 조지타운대학 방문학자
- 대검찰청 중앙수사부 수사연구관
- 서울지방검찰청 특별수사부 검사

| 저서 및 논문 |
- 국가정보기관, 무엇이 문제인가?(번역서. 2010. 도서출판 오래)
- 특검, 넘지못할 벽은 없다(번역서. 1999. 청림출판)
- 성역은 없다(1995. 문예당)
- 세상을 바꿔라(2012. 도서출판 오래)

W_{hy} W_{ho} W_{hat}.ohrae.com:
국가개혁, 무엇이 문제인가

국가개혁 무엇이 문제인가

대한민국 이대로는 안 된다. 반드시 바뀌어야 한다는 명제에 대하여 기본적으로 반대할 국민은 별로 없다.

그럼에도 불구하고 국가개혁이라는 용어가 진부하고 공허하게 들리는 이유는 무엇일까?

시도해 봐야 안 될 것이기 때문인가. 아니면 필경 이를 주장하는 사람(집단)들의 속내에는 뭔가 정략적 의도가 있을 것으로 짐작되기 때문인가. 그도 저도 아니라면 어릴 적부터 우리에 갇혀 살아

온 어미 코끼리의 고정관념 같은 타성 때문인가. 국가개혁이 시도
되어 온 과거사를 잠깐 보면 국가개혁에 대한 다수 지식인들의 냉
소적 내지 무덤덤한 태도를 이해할 만하다.

"개혁으로 손해를 보는 사람들은 온갖 방법으로 격렬하게 저항
하지만, 이득을 보는 사람들은 미온적 지지만을 보낼 뿐이다."

일찍이 마키아벨리가 개혁에 대해 갈파한 말이다. 이런 까닭에
개혁을 추진하는 사람에게 동지는 없고 적만 있다. 그럼에도 불구
하고 양의 동·서를 막론하고 왕조 또는 국가가 바뀌거나 왕권 또
는 정권이 위기에 봉착하게 되면 단골메뉴로 등장한 것이 국가개
혁(또는 사회개혁)의 시론(試論)이었다.

더러는 성공하여 왕조 또는 정권의 창성과 중흥을 가져온 경우
도 있었으나, 대부분은 여러 가지 이유로 좌초되어 '왕조의 몰락'
또는 '국가의 실패'로 끝나고 말았다. 1990년 말의 외환위기사태
이후 한국사회에는 사회적 불안감과 패배주의가 확산되고, 미래에
대한 비관적 전망이 점점 설득력을 얻어가고 있다. 게다가 최근에
세월호 참사와 MERS 사태 등을 겪으면서 많은 국민들은 "국가란
무엇인가"라는 근원적 의문을 갖게 되었다. 국민 개개인이 국가 및
국가운영의 틀을 숙명으로 받아들이고 순응하기에는 작금의 사태
가 매우 위중하다. 이제 국가의 지속발전과 국민 모두의 미래의 삶
을 걱정하는 이 땅의 모든 이들은 대한민국호라는 공동운명체를

움직이는 기본 틀(체제와 제도)과 이를 운행하는 사람들(지도자의 리더십 등)의 국정철학과 국정수행능력, 자질에 대한 근본적 의문을 제기함과 동시에 이 모든 것을 재정립(혁신)해야만 한다는 점에 심각하게 공감한다. 그러나 현실은 불행하게도 국가혁신에 관한 원론적 주장만 무성할 뿐, 국민이 체감할 수 있는 어떤 개혁도 가시적으로 실천에 옮겨지지 못하고 있다.

사태가 이 지경에 이른 가장 큰 이유는 개혁적 사고와 강력한 추진력을 가진 개혁 주도세력과 한 시대의 역사를 책임질 국가적 리더십이 부재하고, 국가의 지속발전은 안중에도 없이 오로지 당리당략에만 몰입하는 정상배들과 눈 앞의 사익에 집착하여 민주공화국 시민으로서의 공공성, 공익성이라고는 찾아보기 힘든 이 땅의 모든 기득권 세력과 시민의식이 바로 그것이다. 이러한 이유로 국가개혁의 당위성을 먼저 짚어보고, 다음으로 국가개혁이 성공하기 위한 조건으로서 누가 무엇을 개혁할 것인가의 문제를 살펴본 다음, 국가 리더십과 국민 의식이 어떻게 바뀌어야 하는지 논해 보기로 한다.

국가개혁의 당위성(Why)

지난 60년간, 대한민국은 숨 가쁘게 달려왔다. '빨리, 빨리'와

'남보다 먼저'를 외치며 100미터 달리기 주법으로 달린 결과 세상은 완전히 바뀌었다. 압축적 경제발전으로 국민소득은 50달러에서 출발해 3만 달러 시대를 앞두고 있다. 국민의 힘으로 민주주의도 이뤄냈다. 이 같은 한국형 발전국가는 한 때 신흥국에서 본받고자 하는 매력적인 모델로 부상하였다. 하지만 이제 그 시대는 저물고 있다. 고도성장 체제는 한계에 봉착했다. 민주주의도 '저급 민주주의의 함정'에 빠져 제대로 된 국정의제 조차 선정하지 못하고 있다. 늘어나는 비정규직과 1,000조 원이 넘는 가계부채가 상징하듯 양극화가 심화되는 추세이다. 중산층이 내려앉고 실존적 불안감도 증폭되고 있다. 주변국들과의 정치, 경제, 군사, 외교 정세도 나날이 꼬여가고 있다. 한마디로 대한민국의 발전국가 모델로서의 유효기간이 끝나가고 있는 것이다.

그렇다면 이웃나라 중국과 일본은 어떤가? 신흥 경제대국인 중국은 2007~2009년 금융위기 이후에도 놀라운 경제성장을 이루었고, 국가 주도형 경제모델로 국제적 위상이 높아지면서, 자본주의와 민주주의는 언제나 상호의존적 관계라는 논리 속에 대처-레이건 시대에 주창된 "시장이 자유로워야 국민이 자유롭다"(Free markets create free people)라는 슬로건에 의문을 던지기도 하였다. 그러나 2014~2015년 들어 중국을 비롯한 인도 등 고도성장을 누리던 신흥국들 모두 점차 성장의 한계 영역에 진입하고 있다. 특

히 중국은 인건비의 빠른 상승, 환율 압박, 농민공의 잦은 집단저
항, 그림자 금융, 국영기업체에 숨겨져 있는 천문학적 부실자산,
권력형 부정부패 등으로 경제의 연착륙에 빨간불이 켜진 것이다.
2014년 5월, 시진핑 주석은 "중국은 지금 발전 과정에서 중요한 변
곡점을 지나고 있다. 신창타이(新常態)에 적응하며 전략적으로 새
로운 표준(New Normal)을 지켜나가야 한다"고 역설하면서 국가
개혁의 필요성을 강조하였다. 2020~2025년 사이 중국은 5퍼센트
대 성장률로 주저앉을 것으로 예측되고 있다. 이것이 현실화되면
세계 경제의 성장엔진이 식을 가능성이 농후하다.

또한 지구 역사상 가장 빠르게 서구형 국가로 성장한 일본 역시
20여 년째 장기 불황에 빠져 있다. 일본의 과거의 성공은 단지 지
나간 일일 뿐이다. 지금 일본에서는 보편적인 상식과 진리가 통하
지 않는다. 경제 성장률, 물가, 투자, 금리 등은 지난 20여 년 역사
상 가장 낮은 단계에 머물러 있다. 일본의 국가 부채는 세계 1위다.
고령사회를 맞아 인구는 줄어드는데, 사회 안전망은 여전히 부실
하다. 엎친 데 덮친 격으로 동일본 대지진 이후 일본 국민 사이에
는 미래에 대한 불안감과 패배주의가 확산되고 있다. 이러한 시대
적 상황을 배경으로 아베 신조 총리는 이른바 아베노믹스라는 과
감한 정책으로 경제회복을 시도하고 있고, 이웃나라와의 마찰을
빚어가면서까지도 강력한 우경화 정책으로 국민 결집을 도모하고

있지만, 근원적인 국가개혁 정책이라고는 보여지지 않는다. 당연한 결과로 지금까지의 성과 또한 대단히 밋밋하다. 그런데 불행한 것은 우리나라의 전체적인 모습이 그런 일본의 잃어버린 20년을 점점 닮아가고 있다는 점이다.

　바야흐로 현대사는 권위주의적 발전국가에서 민주적 발전국가로 진화하는 과정이다. 그러나 민주적 발전국가 모델로 전환해서 성공의 역사를 이어간 나라는 흔치 않다. 민주주의와 경제발전을 병행하는 것은 쉬운 일이 아니다. 다원적 욕구가 표출되고 평등의 요구가 거세지면서 시장경제도 새로운 상황에 적응해야 하기 때문이다. 민주적 발전국가 모델의 한계는 외부의 압력과 내부의 압력, 양쪽의 압력으로 강제되고 있다. 외부의 압력은 국민국가를 왜소화하는 새로운 글로벌 시스템에서 주어지고, 내부의 압력은 국가 역량의 쇠퇴와 시장과 시민사회로의 권력이동, 경제구조의 변화 등에서 가해진다. 이런 안팎의 압력에서 벗어나 시장주의와 민주주의가 함께 지속적으로 발전하려면 국가와 시장과 시민사회의 관계를 재설정하고, 이에 맞게 정치·경제 체제와 국가 능력을 재조직해야 한다.[1] 여기에 전면적 국가개혁의 당위성이 있다.

---

1) 한국사회 무엇을 어떻게 바꿀 것인가(박형준 저, 메디치 미디어, 2014).

강고한 개혁 주체세력 형성은 국가개혁의 필수요건이다.(Who)

　동·서양사를 막론하고 어떤 정권 또는 왕조 개혁의 성패는 개혁의 주체세력이 강고하게 형성돼 있었는가, 그리고 개혁의 목표가 명료하게 설정돼 있었는가에 달려 있었다.

　조선왕조 중종 때의 조광조나 정조의 개혁시도, 구한말 김옥균 등의 갑신정변 등은 모두 이 두 가지 또는 그 중의 하나를 구비하지 못함으로 인하여 실패하고 말았다.

　굳이 조선시대로 거슬러 올라갈 것도 없이 한국 현대사에서 역대 정권이 추진했던 국가개혁의 시도 가운데 정치적 슬로건으로 끝나고 만 경우를 살펴보면, 무엇보다 강고한 개혁 추동세력의 부재가 그 주된 원인이었다고 보여진다. 대통령 자신의 원맨쇼인 경우가 대부분이었고, 기껏해야 이미 각종 정치자금이나 선거법 위반 등으로 구악세력으로 몰려 있어 개혁이라는 단어를 입에 담을 수조차 없는 세력, 또는 오랜 세월 권력에 굶주려 사복(私腹)을 채우기에 급급한 세력을 측근에 배치하고 이들과 더불어 개혁을 하겠다고 했으니 권력에 아부하는 자 빼고는 어느 누가 이에 동조했을 것이며, 어느 국민이 이에 공감했을 것인가!

　그저 국가개혁이라는 포장 속에서 전 정권의 기득권 세력을 내치고 그 몫을 대신 차지하기에 급급했을 뿐이었다. 이것이 한국 현대사에서 역대정권이 표방했던 국가개혁 작업의 민낯이다.

그러면 미래에 있어 국가개혁이 성공하려면 개혁의 주체세력을 어떻게 형성해야 하겠는가.

이 문제에 대하여는 직접적 해답을 구하기에 앞서 근대화 과정에서 개혁에 성공하여 아시아 국가 가운데 유일하게 서구의 선진 열강과 어깨를 나란히 했던 일본의 예를 살펴보자. 270여 년간 다이묘를 중심으로 봉건체제로 통치되던 일본 열도는 조선왕조와 비슷한 시기에 서양의 흑선이 나타나면서 개항을 강요받았다.

이 무렵 요시다 쇼인(吉田松陰)을 비롯한 변방(*조슈번과 **사쓰마번)[2] 출신의 일단의 젊은 선각적 지식인이 개혁(개화)을 주도하였다. 이들은 1867년 마지막 쇼군인 도쿠가와 요시노부를 권좌에서 끌어내리고 메이지(明治)에게 통치권을 돌려주는 대정봉환을 단행하고, 이어 폐번치현, 판적봉환 등 과감한 제도개선에 이어 마침내 서구식 헌법을 모방한 근대식 헌법을 제정 공포하여 1890년에 입헌군주제의 근대국가 체제를 확립하였다. 이에 반해 조선은 일본과 같은 시기 서양열강으로부터 개국을 요구받았으나 철저한 쇄국정책으로 이를 차단했고, 박규수, 유대치 등 일단의 개화 사상가들을 중심으로 개화(개혁)가 시도되었지만 담론적 시도에 그쳤고, 그 후 갑신정변 동학농민혁명 등 몇 차례 거사가 있었으나 강

---

2) *오늘날의 야마구치(山口)현,　　**오늘날의 가고시마(鹿兒島)현.

력한 개혁의 주도세력이 형성돼 있지 못한데다가 당시 조선의 민중 역시 개화를 수용하기에는 서양열강에 대한 정확한 정보나 위기의식이 빈약했던 탓에 모두 실패하고 마침내 한 발 앞서 개혁에 성공한 일본의 식민지화의 길을 걸었다.

조선과 일본의 근대사를 간략하게 일별해 보면서 일본은 개화(개혁)에 성공한 반면, 우리는 왜 실패하였는가라는 의문에 상당한 시사점이 있었으리라고 본다.

역사학적 입장에서는 다양한 접근이 가능하겠지만, 국가개혁이라는 시대적 소명의 관점에서 살펴보면, 첫째, 선각적 지식인을 중심으로 한 강력한 개혁 주도세력의 유무, 둘째, 목숨을 걸고라도 개혁을 이루어 내려는 개혁 주도세력들의 치열함의 차이, 셋째, 서양열강의 정세에 대한 일반민중의 위기감 내지 개혁을 수용해 낼 수 있는 민중적 역량의 차이에서 일본은 지배국가로 굴기한 반면, 조선은 피지배국가로 전락한 것으로 보인다.

이해의 편의를 위해 일본이 메이지유신에 성공하게 된 과정을 살펴보면, 우선 조슈번에는 요시다 쇼인 외 다카스기 신사쿠(高杉晋作) 등 일군(一群)의 요시다 문하생들이 있었고, 사쓰마번에는 오쿠보 요시미치(大久保利通) 등 이른바 유신 3걸을 위시하여 서양 정세에 밝고 존왕양이의 사상에 투철한 다수의 강력한 개혁의 주도세력이 있었다. 이들 가운데 상당수는 메이지유신의 과정 또는 직후에 반 개혁세력과의 내전 또는 암살, 모함 등으로 20~30대의 약관으로 요절했을 만큼 치열함이 있었고, 후쿠자와 유키치(福澤諭吉)가 1866년에 출간한 「서양사정」이라는 책이 25만부 이상이 팔려나갈 만큼(당시 일본 인구는 3,500만 명으로 추산) 대다수 지식인들과 민중들이 서양열강의 정치, 경제, 문화, 과학기술 등 실력에 대하여 깊은 이해 및 이를 바탕으로 한 위기의식을 갖고 있었다는 사실 등이 이를 증명한다.

그렇다면 작금의 대한민국의 현실은 어떤가.

혁명 또는 쿠데타로 정권을 잡은 세력들의 경우 능력과 자질의 문제는 차치(且置)하고라도 개혁을 추진할 주체세력은 분명하였다. 그러나 그 후 직선제 하에서 집권한 모든 정권은 선거캠프 세력이 그대로 집권세력으로 이전되고 이들이 개혁의 중심에 서게 되면서 스스로의 모순과 한계를 드러내게 되었다.

그나마 노무현 정권 초기의 집권 세력은 진보의 이념으로 결집된 집단(정부혁신지방분권위원회 같은 것이 그 예이다)이라 어느 정도 과거와의 단절 내지 기득권의 청산 시도가 가능하였으나(이들 조차도 집권 중반기부터 오늘에 이르기까지 이미 기득권 세력으로 변질되어 개혁과는 전혀 거리가 먼 무능력 상태에 빠져 있다), 이명박 정권은 말할 것도 없고 박근혜 정부 역시 선거캠프라는 것이 통치철학이나 참신성과는 거리가 먼 오로지 권력 또는 자리를 탐하는 선거꾼 내지 패거리 모임이었기 때문에, 이들 집단을 그대로 청와대 또는 내각에 포진시켜서 국정의 개혁(쇄신)을 시도한다는 자체가 어불성설이었다. 최근 박근혜 대통령의 4대부문 개혁을 위한 국민담화문 전문을 읽어보아도 개혁의 필요성에 대한 원론적 접근 내지 국민에 대한 협조의 요청 수준일 뿐, 개혁의 주체가 누구이고 대상이 무엇인지 감지하기 어렵다.

어느 부처 장관 또는 어느 수석비서관 하나도 자리를 걸고 개혁을 실천할 만하다고 느껴지는 과거의 행적이나 현재의 실천의지가 엿보이는 인물이 잘 보이지 않는다. 이것이 역대 정권의 국정개혁이 구두선으로 그친 제1의 이유이다.

그렇다면 개혁의 주체세력의 형성을 어떻게 할 것인가에 대한 답은 이미 나와 있다. 새로 집권할 대통령은 자신이 개혁의 중심에 서고, 선거캠프 안에 있었던(inner circle), 밖에 있었던(outer circle)지를 가리지 않고 국정철학과 참신성 그리고 개혁에 대한 실천의지와 역사인식을 공유하는 인물들로 개혁의 주체 세력을 형성하면 된다.

무엇을 개혁할 것인가(What)

강고한 개혁 주체세력의 확립과 이에 대한 동조세력, 그리고 개혁에 대한 국민적 공감대의 형성이 국가개혁 성공의 필요 요건이라면 개혁의 목표를 명료하게 하는 것(무엇을 개혁할 것인가)은 그 충분조건이다.

지금까지 역대 정권들은 대부분 경제 주체들의 자유와 창의를 억압하는 각종 규제의 완화 또는 철폐가 곧 국가개혁인 것으로 인식해 왔다. 예컨대 MB정권 초기 전봇대 뽑기나, 박근혜 정부 초기 손톱 밑 가시 빼주기 같은 것이 그것이다. 각 경제 주체들의 기업 의욕을 고취하고 새로운 성장 동력을 찾기 위하여서는 이런 것들도 필요하다.

그러나 고질적인 분열과 갈등, 날로 심화되는 양극화, '헬조선'이라는 패배의식으로 절망하는 청년층의 급증으로 해체 위기를 맞고 있는 대한민국을 다시 추슬러 통일 시대를 예비하기 위하여는 이 정도로는 미흡하다.

더욱 근원적으로 국가 운영의 틀, 그 중에서도 정치와 권력 구조의 틀을 바꾸지 않고서는 국가개혁은 성공할 수 없다.

따라서 국가개혁의 제1의 대상은 마땅히 정치개혁이 되어야 하고, 다음 단계로 관료제도를 포함한 공공부문 개혁, 금융·노동을 포함한 경제 체질의 개혁, 그리고 이 모든 것에 걸쳐있는 부패구조의 개혁이 국가개혁의 대상이 되어야 할 것이다.

그리고 이 모든 개혁의 바탕에는 개혁이라는 화산 분출의 에너지 역할을 할 국민의식의 대전환이 필수적이다.

〈정치의 개혁〉

　정치 구조와 이와 연관된 정치 문화는 대한민국이 앞으로 나아가기 위한 원동력이다.

　정치가 잘못되었을 때 나라꼴이 어떻게 되는가에 대하여는 『세상을 바꿔라Ⅱ』에서 김병준 교수가 잘 지적하고 있다.

"우리 정치가 가진 문제를 생각할 때면 늘 조선 후기의 세도정치를 생각한다. 구미 열강이 몰려들면서 주변 정세가 요동치는 시대였다. 또 새로운 문물이 들어오고 상업과 유통이 빠르게 발달하던 시대였다. 제대로 된 나라였다면, 또 제대로 된 정치였다면 그 빠른 변화에 대한 나름의 이해가 있었을 것이다. 그리고 그러한 이해를 바탕으로 국가 차원의 비전과 대책을 세웠을 것이다. 그러나 당시의 정치는 권력 그 자체를 위해 패거리 지어 서로 칼질하던 정치였다. 세상이 어떻게 변하는지, 권력을 어디다 써야 하는지도 모르는 자들이 정치를 주도했다. 그리고 그런 잘못된 정치 속에서 나라의 장래를 결정할 중대한 문제들이 정책적 의제조차 되어 보지 못한 채 간과되거나 사장되고 말았다. 나라가 성할 수 있었겠나. 결국, 그 정치는 식민지의 역사와 동족상잔과 남북분단의 역사로 이어졌다. 나라를 팔아넘긴 자들만이 매국노인가. 무엇을 해야 하는지도 모른 채 오로지 권력 그 자체를 위해 권력을 좇던 당시의 권신들이 모두 매국노였다."

그러면 이로부터 100년이 지난 현재의 정치상황은 그때와 많이 달라졌는가. 왕정이 민주정으로 바뀐 것 말고는 크게 진화된 것이 없다. 세도정치는 지역주의로, 노론 중심의 관직 독점은 진영의 대립과 승자독식의 정치구도로 바뀌어 국가 차원의 비전과 의제는 도외시한 채, 허구한 날 당리당략에 따른 정쟁을 반복하고 있지 않는가.

어떤 모델이 21세기 통일시대를 예비하는 대한민국 최적의 통치 모델인가를 논하기에 앞서 21세기형 서구 복지국가모델 국가들이 보이는 공통점이 무엇인지 먼저 살펴보자.

유럽형 복지국가들의 공통점은 경제 성장과 복지체계가 밀접한 연관성을 갖고 있다는 것이다. 복지국가가 확립된 1950년대부터 1970년대 초까지는 선진 자본주의 견지에서 세계 경제는 황금기였다. 그러나 세계화와 정보화로 세계 경제의 틀이 바뀌면서 이들 국가들도 큰 도전에 직면했다. 지속적인 경제 성장과 조화를 이룰 수 있는 복지체제를 어떻게 구축하느냐가 새로운 고민이 되었고, 이런 상황 속에서 협의민주주의(consociational democracy)라는 새로운 정치형태가 등장하게 되었다.

이들 나라들은 모두 대통령중심제가 아닌 내각책임제를, 양당제보다는 다당제를 채택하여 발전시켜 왔으며, 「연합의 정치」에 의존하는 경향이 크다는 정치적 공통점을 갖고 있다. 독일의 경우가 대표적이고, 영국 토니 블레어 정권의 제3의 길 역시 대처와 메이

저의 보수당 정권 정책과 크게 다르지 않다.

이들 국가들의 또 다른 정치적 특징 중 하나는 정당이 대단히 수준 높은 지적 결사체라는 점이다. 당원 대부분이 뛰어난 이론가이며 정책가이다. 이런 정치문화 덕분에 선동적·감성적 리더십보다는 지적·도덕적 리더십이 주류를 이루어 왔다. 이런 정치 풍토는 비전과 대안 중심의 국정을 원활하게 만드는 조건이 된다. 영국 노동당의 '일하는 복지'라는 테제가 저명한 철학자 앤서니 기든스(Anthony Giddens)의 이론적 뒷받침으로 이루어졌다는 사실은 이런 정치 문화를 잘 말해 준다.

모든 정치·경제 제도에는 장·단점이 있기 마련이다. 어떤 제도가 제대로 작동되지 않는다고 그때마다 새로운 제도를 도입하는 것은 능사라 할 수 없다.

그렇지만 대한민국 정치체제는 국가발전에 도움이 되기는커녕 오히려 걸림돌이 되고 있다는 사실을 대다수 국민은 잘 알고 있다. 그래서 총선 또는 대선만 끝나면 여·야 합의로 정치개혁특위가 만들어지고 그럴싸한 개혁의 담론으로 국민을 현혹시킨다. 그러다가 선거 1년쯤 남겨두고서는 완전 벽창호, 모르쇠로 돌아선다. 자당(自黨), 제 패거리에 불리한 것이면 절대불가다. 그동안 거론되던 개혁안들은 언제 그런 말을 했냐는 듯이 시침을 뗀다. 이제 더 이상 이런 집단들에게 대한민국의 미래 명운을 맡길 수는 없다.

우선 승자독식을 탈피하여 포용과 타협, 통합의 정치가 가능하기 위하여는 지금의 대통령중심제 통치구조를 바꿔야 한다. 내각책임제가 대통령제보다 권력의 기반이 약하다는 인식은 잘못된 것이다. 대통령제 하에서도 국회와의 원활한 협조가 안 될 경우 대통령 권력에 제약이 있는 반면, 내각제는 정부와 의회의 일체성 때문에 오히려 정책집행력이 훨씬 강력하다. 뿌리 깊은 지역주의와 선거의 승리가 정치의 전부인 현행 선거제도는 혁파되어야 한다. 다원적인 가치와 이익, 의견과 요구가 다양한 정치세력을 통하여 반영될 수 있도록 양당중심의 현행 정당제도도 바뀌어야 한다. 또한 감당하기 어려울 만큼 비대한 권한과 영향력이 주어진 의회의 기능을 재조정하여 지방의회나 독립위원회 등에 그 권한을 분산시켜야 한다. 더 나아가 중요정책에 관한 국민투표와 같은 직접 민주주의적 요소의 강화와 "연합의 정치", "타협의 정치"가 가능한 「협의 민주주의」 제도의 적극 도입을 고려해 볼 일이다.

〈공공부문의 개혁〉

관료조직을 비롯한 공공부문은 우리 사회의 기본 인프라이자 국가발전의 중요한 축을 담당해 왔다. 그럼에도 불구하고 이 속에 고질병처럼 자리잡은 권위주의, 무사안일, 수퍼 '갑'질, '관피아'

를 중심으로 하는 정실문화, 권한남용과 부정부패는 역으로 국가 발전의 장애요인으로 작용하고 있다. 그리하여 공공개혁은 국가 시스템을 바로잡는 모든 개혁의 출발점이자 다른 부문의 변화를 선도하는 핵심과제가 되었다. 그러나 이 개혁과제는 모든 개혁 중에서도 가장 어려운 경우에 속한다. 이들은 대체로 신분이 보장되어 있다. 망할 우려도 적고 상급자가 쉽게 해고시킬 수도 없다. 그러니 긴장감이 떨어진다. 긴장감이 없으니 굳이 기존 질서를 바꿀 생각이 없게 된다. 그래도 장관이나 공기업 사장이 10년쯤 재직하면서 개혁을 이끈다면 많은 것을 바꿀 수 있을 것이다. 그러나 우리나라 공기업 사장 임기는 3년, 장관은 1~2년이 고작이다. 이 같은 난관을 극복하고 개혁을 추진한다 하더라도 손해보는 집단들은 다시 정치권과 연계하여 국정감사 등을 수단으로 개혁의 발목을 잡는다. 이것이 공공부문 개혁에 좀 더 강한 전략적 사고가 요구되는 이유이다.

  우선 공공부문 구성원(공무원 또는 공기업의 임직원)들의 무사안일의 병폐는 님투(NIMTOO, Not In My Terms Of Office, 내 임기만 넘기자)라는 용어가 모든 것을 설명해 준다. 그렇다면 이들의 님투병은 영혼없는 공직자의 개인적 병리현상인가, 그렇지는 않다. 21세기 지식 정보화 사회에서 국가 경쟁력의 원천은 인적 자원의 활용에 있다. 따라서 모든 공공부문 종사자에게는 국정 운영의 수단이 아닌 주체이자 동반자라는 인식의 전환이 요구된다. 이들에게 사명감을 느끼게 하고 일할 수 있는 환경을 조성해 주고 전략적으로 활용해야 한다. 유능한 인재를 적재적소에 배치하여 보람 있게 일하게 하는 것은 사회적 역량 수준의 문제이고 국정운영자의 책무이다.

다음으로 공공부문의 병리현상으로 자주 회자되는 권위주의 문화는 정치적 민주화 과정에서 상당 부분 해소되었다. 그러나 대국민과의 관계 및 공공기관 상호간의 관계에서 아직도 일부 권위주의의 잔재가 남아 있다. 이는 우리 사회의 문화와도 직접적 관련이 있다. 동질의식이 강조되는 조직환경(대부분의 권력기관이 이에 해당한다)은 권위주의의 온상이다. 따라서 이런 조직은 개방과 경쟁을 촉진할 수 있는 환경으로 바꿀 필요가 있다. 또 직무 수행절차가 엄격히 규정되어 있을수록 권위주의적 행태를 보일 가능성이 높다. 이런 조직은 좀 더 유연하고 간소한 조직구조로 바꿔야 한다. 더 근본적인 접근은 공공부문 구성원들 상호간에 상호이해와 공감대를 높이고 정보의 공유를 주요 덕목으로 삼도록 해야 한다.

끝으로, 정실문화의 청산이다. 정실문화는 공공부문에서 주류로 자리잡은 지 오래됐다. 각종 파벌 형성과 권력형 비리, 부정부패는 대부분 여기에서 비롯된다. 새로 취임한 대통령마다 '시스템에 의한 인사'를 강조하면서 능력과 자질을 갖춘 인재를 선발할 것을 역설했지만, 매번 코드인사, 보은인사, 특정 학맥중용, 제 식구 챙기기 등 정실인사에서 벗어나지 못했다. 최근 우리 사회에서 크게 문제되고 있는 '관피아'니 '정피아'니 하는 것도 바로 '정실인사'와 이에 연결되는 패거리의 형성 및 서로 봐주기에서 비롯되는 구조적 부정부패의 병리현상을 일컫는 말이다(따라서 이와 상관없이 능력 있고 자질이 되는 공직자나 정치인 출신을 중용하는 것은 별개의 문제이다). 아는 사람끼리 '약간의 편의를 봐준다'는 가벼운 생각에서 시작되는 정실주의는 개인 차원을 넘어 조직의 차원으로 연결되어 심각한 구조적 문제를 야기하고, 결국 국가적 재앙(세월호 참사가 그 대표적인 예이다)을 초래한다. 이러한 정실주의 청산의 관건은 인사권자의 결단이다. 이와 관련한 중국의 고사 두 가지를 인용함으로써 공평무사한 인사가 어떻게 가능한지에 대한 잡다한 설명에 갈음한다. 중국 제나라 때의 명재상 관중(管仲)은 "군자를 대우하지 않는 일이 있을지라도 소인을 과대평가하는 것보다 낫다"고 하면서 소인배들이 중용되면 국가에 큰 해악을 끼치게 됨을 경계하였고, 당나라의 대문호 한유(韓愈)는 "천리마는 어느 시대에나 있으나 이를 알아보는 백락(伯樂, 말 감정 명인)은 흔치 않아 천리마가 염전에서 소금 수레를 끈다"고 말하면서 인사권자는 모름지기 천리마를 알아보는 백락의 눈을 가질 것을 강조했다.

〈경제 체질의 개혁〉

세계경제는 글로벌 금융위기 이후 급속히 재편되면서 각국의 생존경쟁은 갈수록 치열해지고 있다. 이에 반해 국내 경제의 전반적 흐름은 방만한 공공부문과 더불어 경직된 노동시장, 낙후된 금융시스템, 부족한 사회적 자본(social capital), 심화되는 소득 불균형 등으로 구조적 체질이 날로 약화되고, 이는 성장 잠재력의 저하, 저성장의 고착화, 고용 창출력의 약화로 이어져 한국 경제의 미래를 어둡게 하고 있다. 따라서 이러한 고질적이고 구조적인 문제를 근본적으로 해결하여 성장동력을 다시 지피기 위하여는 우선 위기 대응을 위한 정책능력의 강화가 필요하다. 무엇보다도 외환시장, 민간부채, 금융시장에 대한 취약요인의 개선이 급선무이다. 또한 금년 하반기로 예상되는 미국의 금리인상 가능성과 중국 금융시장의 불안, 유로존 재정취약국 문제 등으로 세계 금융시장의 변동성이 커지는 데 대비하여 금융 시스템의 강화와 국제적 공조 노력이 필요하다.

다음으로 기존의 제조업 중심에서 벗어나 또 하나의 성장 동력인 서비스업을 육성해야 한다. 내수 확대는 서비스 산업의 생산성 향상과 함께 이루어져야 장기 성장으로 이어질 수 있다. 일반적으로 서비스업의 생산성은 제조업에 비해 낮지만 통신, 금융 등 고부가가치 서비스업은 제조업보다 노동생산성도 높고 성장속도도 더 빠르다. 뿐만 아니라 서비스업은 양질의 일자리 창출에도 큰 도움이 된다.

끝으로, 사회적 자본을 크게 확충해야 한다. 세계경제포럼(World Economic Forum)이 최근 발표한 국제 경쟁력 지수에 의하면 한국은 기술력, 거시경제의 안정성 등에서는 높은 평가를 받고 있지만, 소유권 보호, 정부규제 부담, 정책결정의 투명성, 정치인의 신뢰도, 금융시장·노동시장의 효율성 등에서는 매우 낮은 평가를 받고 있다. 즉 사회적 자본의 축적이 현저하게 부족하다는 뜻이다. 사회적 자본의 부족은 경제 발전을 저해하고 각종 사회문제를 일으켜 비용 상승을 초래한다. 경제 주체들 간의 신뢰와 협력, 사회통합 의지 등이 눈에 띄게 줄어들면서 특허 분쟁이나 노사 갈등, 계층 갈등이 크게 늘어나고 있음이 그 예이다.

〈부패구조의 혁파〉

한국사회에 뿌리 깊게 자리잡은 거대한 부패구조의 청산이야말로 정치개혁 못지않은 절박한 국가 혁신의 대상이다. 고도성장 과정에서 배태되어 정·관·재계뿐만 아니라 국민의 마음속 깊은 곳까지 미만(彌滿)된 부패구조와 부패심리가 혁파되지 않는 한, 법과

제도에 대한 신뢰와 정의감은 물론 인간 상호간의 신뢰 또한 무너지게 되고, 시장의 자정기능이 왜곡되어 성장잠재력이 붕괴됨으로써 국가의 지속 성장과 번영은 고사하고 국가의 존속 자체가 위태롭게 되기 때문이다. 중국의 시 주석은 중국이 직면한 세 가지 곤경을 정치개혁, 양극화 해결, 반부패 돌파로 규정하면서 "큰 도둑인 호랑이도 잡범인 파리도 다 때려잡아야 반부패정책이 효력을 거둘 수 있다"고 강조했다. 굳이 호랑이와 파리를 다 때려잡아야 한다는 시 주석의 말에 공감이 가는 이유는 한국 사회에서는 언제부터인가 수억 또는 수십억 원 단위의 정치권과 재벌 유착의 부패범죄가 빈발하면서 몇백 혹은 몇천만 원 단위의 공직자 부패 또는 기업 임·직원부패에 대하여는 이른바 생계형 부패라는 이름을 붙여 관용하려는 분위기가 퍼져 있기 때문이다. 그러나 부패범죄의 뇌물 액수는 이권의 크고 작음에 따라 달라질 뿐이고, 근본적으로 공적 업무의 공정성과 공공성 그리고 정의와 신뢰를 저해하고 인성을 타락시킨다는 점에서 그것이 생계형(파리)이든 치부형(호랑이)이든 가릴 것 없이 엄단해야 한다. 모든 부패의 근원은 권력이다. 영국의 철학자 조지 액튼 경은 "권력은 부패하기 쉽고, 절대 권력은 절대 부패한다"(Power tends to corrupt, absolute power corrupts absolutely.)고 했다. 따라서 부패구조를 제압하기 위한 각종 제도는 어떻게 하면 권력을 가진 자들의 권한남용과 탐욕을 억제할 것인가에 그 초점이 맞춰질 수밖에 없다.

우선 가장 중요한 것은 대통령 권력에 대한 통제이다. 대통령제 국가에 있어서 국가권력은 대통령에게 집중되어 있기 때문이다. 대통령이 장악한 권력 가운데 부패구조에 직결되는 것은 인사권과 사면권이다. 잘못된 인사권의 행사가 어떻게 부패구조와 연결되는가에 관하여는 이미 논급하였다. 정·경 유착의 부패구조 고착화라는 측면에서 보면 대통령의 잘못된 인사보다 더 해악인 것이 사면권의 남용이다. 부패범죄에 대한 대통령의 특별사면, 감형, 복권은 엊그제 카메라 플래시를 피하여 얼굴을 두 손바닥으로 감싸고 쫓기듯 구치소로 향했던 부패 정치인이 다시 살아나 서부영화 '돌아온 장고'의 주인공처럼 여의도 의사당 또는 각 당의 중진회의 석상에 앉아 있게 하니, 이러고도 이 땅에 정의가 살아있다고 말할 수 있겠는가. 부패범죄 척결이라는 측면에서 볼 때 이보다 더 큰 해악은 없다. 대통령의 사면권은 헌법상 권리라서 법률로 이를 제한함은 쉽지 않다. 앞으로 권력구조를 바꾸기 위한 개헌을 할 때 국회의원의 불체포 특권과 함께 반드시 손질해야 하는 헌법조문이다.

다음으로 중요한 것은 정치인 부패에 대한 통제이다. 정치인, 즉 국회의원을 비롯한 선출직 공무원의 부패는 모든 공직자 부패의 원천이다. 우리나라의 정치인 대다수는 학연, 혈연, 지연 등 사적 인연이 동기가 되어 정치에 입문하게 된다. 따라서 이들은 정당 즉 공당의 구성원이면서도 행동준칙은 철저하게 사익 즉 패거리의 이익에 기초한다. 이것이 부패할 수밖에 없는 태생적 한계이다. 여기에 더하여 이들의 대부분은 정치가 직업이고 정치를 생계의 수단, 더 나아가 치부의 수단으로 삼고 있다. 다른 생업이 있고 정치를 공익의 실현이나 명예의 수단으로 삼는 정치인은 극소수이다. 사정이 이러하니 선거에서의 당선에 사활을 걸게 되어 당선을 위하여서는 돈, 허위비방 등 수단 방법을 가리지 않게 되는 것이다. 따라서 정치인 부패를 방지할 제1의 관건은 돈을 쓰지 않아도 당선될 수 있는 선거제도를 확립하는 것이다. 바로 중·대선거구제도이다. 돈을 많이 쓸수록 당선 가능성이 높은 선거제도(현행 소선거구제도)를 만들어 놓고 선거법규로 돈을 쓰지 못하도록 규제하는 데는 한계가 있다. 이런 제도는 공익성, 공공성의 덕목은 고사하고 자질과 역량이 저급한(즉, 깜냥도 안되는) 동네 졸부 내지는 선동가들의 정치판 진입을 용이하게 할 뿐이다.

끝으로 관료부패를 방지하기 위하여서는 규제의 혁파와 행정의 투명성 확보가 긴요하다. 관료부패는 관(官)과 경(經)의 유착에서 비롯된다. 이 때 그 매개체는 각종 규제 권한이다. 국가가 공동체 유지를 위하여 용인되는 법치주의 범위를 넘어서 과잉으로 간섭 조정하는 경우, 관료의 자의적 재량권 행사로 인하여 부패는 구조화된다. 이렇듯 구조화된 부패는 공직자의 비리에 대한 불감증을 가져온다. 너 나 없이 같은 울타리에서 숨쉬고 있다는 그릇된 공범의식이 부패의 연대화를 정당화하게 된다. 그리고 이러한 관료부패는 돈을 매개로 하여 이권을 챙기려는 일반 국민들과의 합작품이라는 점도 간과할 수 없다. 심각한 관료주의와 형식주의로 인하여 관료부패가 위험수위를 넘은 중국의 시 주석이 최근 국가권력은 촘촘히 잘 짜여진 새장(좋은 제도)에 집어 넣어야 하고 그럼에도 불구하고 이 새장을 비집고 밖으로 나간 새는 또 다른 새장(감옥)에 집어넣어야 한다고 주장한 것은 우리에게 시사하는 바가크다.

맺음말(지도자의 리더십과 국민의식의 대전환)

국가개혁이 성공하기 위해서는 국가지도자의 통치철학이 바로 서야 한다. 민주공화국에서 국가지도자와 국민 모두에게 요구되는 덕목 중의 하나는 공공의식이다. 특히 지도자는 국가통치의 사사화(私事化)를 지양하고, 사회통합과 국민화합의 상징적 구심점이 되어야 한다. 개혁의 추진과정에서 나오는 집단 간, 부처 간의 갈등은 논리적 토론으로 해결되지 않는다. 이를 해결하는 것은 국가지도자의 의지, 즉 리더십이다. 국가지도자가 이러한 리더십을 발휘하기 위하여서는 자신이 추진하는 개혁이 성공할 수 있는 환경

을 만들어야 한다.[3]

그렇다면, 국가개혁에 좋은 환경은 무엇일까? 우선 국가지도자를 비롯한 개혁의 주체세력에 대한 국민적 지지와 신뢰가 높아야 한다. 개혁은 언제나 반대층을 양산하기 때문에 지지 기반이 허약하게 되면 추진하기 어렵다. 집권초기 압도적 지지층을 등에 업고 금융실명제를 도입한 김영삼 정권과 조폐공사 파업유도 사건으로 개혁의 추진력을 잃은 김대중 정권의 예를 되새겨 보면 국민적 지지와 국가개혁 성패의 상관성을 쉽게 이해할 수 있을 것이다. 그러기 위해서 국가지도자는 개혁의 중요성을 지속적으로 설파하고 국민과 소통해야 한다.

아울러, 국민의식의 대전환도 국가개혁이 성공하기 위한 중요한 선결조건이다. 개혁의 필요성과 당위성에 대하여 원론적으로 찬성하다가도, 특정 개인 또는 집단의 이익에 반한다는 생각이 드는 순간 돌변하여 'ㅇㅇ결사저지 투쟁위원회' 같은 것을 만들어 시민광장에 진을 치고 농성하거나, 머리띠 두르고 플래카드 걸고 거리로 뛰쳐나가는 과거의 문화는 이제 고쳐야 할 때가 됐다. 이런 식의 저항 문화는 지배·피지배의 관계인 식민 시대 또는 독재정권 시대에는 용인될 수 있겠지만, 민주적 절차에 의하여 선임된 지도자와

---

3) 대한민국 정부를 바꿔라(이창길 외. 올림출판사, 2015) 참조.

국민과의 관계에서는 자가당착이다.

　어쩌면 아주 오랜 역사의 흐름 속에서 우리 민중의 DNA에 압제에 대한 저항의 문화가 자리잡아온 지도 모르겠다. 몽고족의 침략 때 삼별초가 그러했고, 임진란이나 구한말 외침 때의 의병거사가 그러했으며, 고부군수 조병갑의 탐학에 들고 일어났던 동학농민의 거가 그러했다. 침략, 독재, 탐학(貪虐)에 대하여서는 저항이 정의이고 미덕이다. 그래서 이순신 장군도 영웅이고 안중근 의사도 영웅이다. 그러나 우리는 지금 현대 국민국가에 살고 있다. 민주공화국에 살고 있다. 민주공화국 시민됨의 자질은 국가지도자와 꼭 같이 공공성과 공익성으로 설명되는 공공의식이다. 법과 질서를 기초로 하는 법치주의는 자유민주국가를 지탱하는 근간이다. 이제 국민 모두는 국가개혁을 통한 더 강한 나라를 예비하기 위하여 저항의 문화에서 진취의 문화로 진화해야 한다. 이순신 장군 못지않게 만주 벌판을 휘몰아친 연개소문, 황해와 동지나해를 앞마당같이 드나들며 해상왕국을 꿈꿨던 장보고, 두만강 물을 군마(軍馬)들에게 마시게 하고 북벌의 꿈을 키웠던 임경업, 실학사상으로 세상을 개혁하려 했던 다산 정약용 같은 이들도 민족의 영웅으로 재평가되었으면 한다. 대부분의 동·서양 국가들에 있어 과거의 영웅들은 영토를 확장했거나 한 시대를 풍운아처럼 휘몰아쳤거나 세상의 개혁에 앞장섰던 선각자들이다. 칭기스칸이 그렇고 나폴레옹이 그렇고 콜럼버스가 그렇다. 일본돈 만엔짜리 지폐의 인물 후쿠자와 유키치는 개혁을 주창한 사상가일 뿐인데, 일본에서 가장 존경받는 인물 중의 하나다.

이제 우리도 맹목적이고 이기적인 저항의 DNA를 걷어내고 합리적이고 이성적인 진취의 DNA로 바꿀 때가 됐다. 그래야 선진국이 된다. 국격있는 나라가 된다. 1인당 국민소득이 늘어나는 것만으로 결코 선진국이 될 수 없다. 먹고사는 것은 좀 나아질지 몰라도 문화 국민은 될 수 없기 때문이다. 다시 한 번 되짚어 보거니와, 일본이 메이지유신에 성공하여 서양 열강과 어깨를 나란히 해서 헌법을 제정하여 근대국가를 만들고 항공모함과 항공기를 만들어 강력한 국가로 변모할 수 있었던 밑바탕에는 1850년대 당시 강력한 개화의 주도세력도 있었지만, 이를 음으로 양으로 지지하는 하급무사계급을 중심으로 하는 민중세력이 있었기 때문이라는 사실을 우리는 다시 한 번 음미해 볼 필요가 있다.

02

망국의 역사와
오늘의 국가운영체제

김병준

| 학력 |
- 델라웨어대학교 대학원 박사
- 한국외국어대학교 석사
- 영남대학교 졸업

| 경력 및 활동사항 |
- (현)국민대학교 교수
- (현)오래정책연구원 원장
- 공공경영연구원 이사장
- 대통령자문 정책기획위원회 위원장
- 제7대 교육인적자원부 장관, 부총리
- 청와대 정책실장
- 지방분권위원회 위원장
- 경제정의실천시민연합 지방자치위원회 위원장

| 저서 및 논문 |
- 9%를 위한 대통령은 없다(2012. 개마고원)
- 지방자치론(2011. 법문사)
- 광장에서 길을 묻다(2012. 동녘)

김병준 | 국민대 교수/ 청와대 정책실장

망국의 역사와 오늘의 국가운영체제

망국의 역사를 생각하며

우리는 망국(亡國)의 역사를 가진 민족이다. 싸움 한 번 못해 보고 나라를 송두리째 빼앗겼다. 그리고도 우리 힘으로 나라를 찾지도 못했다. 연합군의 승리에 의해 되찾은 나라, 그것도 하나가 아니라 둘로 쪼개진 상태다. 어쨌든 광복 70년, 비록 쪼개진 한 쪽의 역사지만 자랑스럽다. 국민소득 60불로 세계에서 가장 못살던 나라가 동족상잔의 전쟁을 겪고도 이제 3만 불을 바라보는 경제대국이 되었다. 또 남들이 모두 부러워하는 민주국가가 되었다.

그러나 왜 이리 불안한가? 이 70년의 성공의 역사 뒤로 왜 망국의 역사가 다시 느껴질까? 하루가 다르게 변하는 세상이 망국 조선을 위태롭게 했던 당시의 주변 환경 같고, '모이자' '이기자'를 외치는 여의도 정가의 모습이 조선을 망국으로 이끌었던 세도정치 집단의 무리처럼 느껴지는 것이 잘못된 일일까? 꿈을 잃은 정치, 길을 잃은 국회, 움직이지 않는 관료행정 체제… 이 나라에서 망국 조선의 망령을 보는 것이 영 잘못된 일일까? 그 동안의 성공에 취할 때가 아니다. 오히려 망국의 역사를 가슴에 담아야 할 때다. 차라리 져서 정복이라도 당하지. 싸움 한 번 못하고 송두리째 나라를 빼앗기지 않았나? 변화하는 세상에 길을 잃은 국가, 다시 망하고 싶지 않으면 그 망국의 역사를 가슴에 담아야 한다. 그리고 물어야 한다. 권력을 쫓는 패거리나 만들어 '이기자'나 외치는 나는 그때의 누구인지? 세상 변하는 줄 모른 채 자신이 아는 것이 세상 모두인 양 하는 나는 그때의 누구인지? 또 이 모든 것을 보고도 움직이지 않는 나는 그때의 누구인지를 물어야 한다. 그러자고 쓴다. 이 부족한 글을.

나라가 아니었던 나라

신미양요(1871) 전투에 참전했던 맥클레인 틸턴(McClane

Tilton) 미 해병대 대위의 글을 읽었다. 그가 그의 아내에게 쓴 장문의 편지들이다. 전쟁 중에, 그것도 전투를 지휘하는 일선 지휘관이 수시로 이렇게 긴 편지를 쓰다니? 전투가 얼마나 여유로웠으면 이랬을까? 조선군을 보는 그들의 시각이 바로 느껴졌다. 하나 둘 읽어가면서 가슴이 답답해졌다. 그리고 더 이상 읽고 싶지 않을 만큼 참담한 기분이 들었다. 전투는 3일, 그러나 의미 있는 전투는 마지막 날의 광성보전투였다. 약 한 시간 남짓 걸렸던 전투, 그가 묘사한 이 전투의 모습을 보자.

조선군은 맹렬히 저항했다. 호랑이 잡는 포수까지 징발하여 편성한 병력이었다. 하지만 이들이 가진 무기라고는 겨냥도 제대로 안 되는 대포에, 재장전에 시간이 걸리는 화승총이 고작이었다. 최신식 대포와 최신식 레밍턴(Remington) 소총으로 무장한 미군에 비할 바가 못 되었다. 미군이 성벽 가까이 진격을 하자 재장전할 시간이 없는 조선군은 성벽 난간에 올라가 몸을 그대로 드러낸 채 돌을 던졌다. 후방에 있는 미군은 이들의 드러난 몸을 놓치지 않았다. 마치 저격을 하듯 이들의 머리를 향해 방아쇠를 당겼다. 순식간에 조선군 2백 5십 명 가까이가 총에 맞아 전사했다. 상당수가 바다로 뛰어들어 자결을 했다. 산 자는 포로로 잡힌 스무 명 정도였다. 미군 전사자는 단 세 명이었다. 성벽 위에 널브러진 주검들, 맥클래인 틸턴 대위는 이를 이렇게 묘사했다. "대부분이 머리에 총을 맞았다. 입은 옷이 흰 옷이라 피를 흘리며 죽어간 모습이 더욱 끔찍했다. 모두들 돼지처럼 피를 흘린 채(bled like pigs) 죽어 있었다." 돼지처럼? 무슨 뜻에서 한 말인지 모르지만 그저 참담하다. 이게 나라인가? 싸울 수 있는 병사와 총이 모자라 호랑이 잡는 포수까지 잡아다 싸우게 하고, 최신의 포와 소총으로 무장한 적을 향해 돌을 던지다 죽게 하는 나라, 싸우지 않고 물러나면 가족을 죽이겠다고 협박하고, 포로로 잡힌 병사들을 겁쟁이들이니 죽이든 말든 마음대로 하라 큰소리치는 나라, 이게 나라인가?

기록도 엉망이었다. 고종실록에는 전사자가 50여 명뿐이라 되어 있고, 장렬하게 전사한 어재연 장군의 공을 논함에 있어서는 선두에서 군사들을 지휘하여 적을 '무수히' 죽였다고 기록되어 있다. 기록다운 기록을 남기지 못했다는 뜻이다. 그뿐 아니다. 더 이상 얻을 것이 없다는 생각에 스스로 물러나는 미 함대를 보고 이 전투를 승리라 자축했다. 다시 묻는다. 이게 나라였던가? 예견할 수 있는 일이었다. 일찍이 정약용 선생이 군기론(軍器論)에서 말했다. 각 고을에 보관된 군기의 상황을 보고 나서다. "활을 들면 좀먹은 부스러기가 술술 쏟아지고, 화살을 들면 깃촉이 우수수 떨어진다. 칼을 뽑으니 칼날은 칼집에 그대로 있고 칼자루만 뽑혀 나온다. 총은 녹이 슬어 총구가 꽉 막혔다.… 온 나라가 맨손뿐인 형국이니 이는 외적 앞에 군대를 맨몸으로 내보내는 것과 같다." 선생이 이렇게 피를 토하듯 문제를 지적하고도 수십 년, 조선의 군(軍)은 변하지 않았다. 아니 변할 수가 없었다. 군비강화를 위해서는 돈이 있어야 하는데, 이 돈부터 확보할 수가 없었다. 양반들의 기득권이 그대로 유지되는 상황 속에서, 또 부정부패가 만연한 상황 속에서 세금인들 어떻게 제대로 거두었겠나. 면세지, 즉 세금을 내지 않는 땅은 오히려 더 늘어나고 있었다.

조선은 원래 군사력이 강한 나라였다. 조선 초기에는 강한 전투력을 가진 직업군인이 있었고, 군사과학의 수준도 높았다. 세종대왕 시대에 만들어진 다연발 발사체 신기전(神機箭)은 조선이 어느 정도의 군사력을 가졌는지를 보여주는 좋은 예가 된다. 그러나 재정이 약화되면서 이 모든 것이 달라졌다. 후기로 갈수록 더욱 그러했다. 우선 돈이 없으니 직업군인 체제를 유지할 수가 없었다. 그래서 이 대신 농민에게 군역의무를 씌웠다. 농민은 모아 봐야 오합지졸, 훈련도 제대로 되어 있지 않았다. 별수 있었겠나. 전쟁이 나면 물러서거나 도망가면 죽이겠다고 겁이나 주는 게 상책이었다. 무기를 개발하거나 잘 관리하는 것도 그랬다. 제대로 될 리가 없었다. 모든 것이 엉망이었다. 앞으로 가는 게 아니라 뒤로 가는 나라, 그래서 결국은 나라도 아닌 나라가 되어 버린 조선이었다.

왜 나라가 아닌 나라가 되었나?

임란왜란 전의 경고

국가의 기본인 군(軍)이 그 정도였으니 다른 부분이야 말해 무엇 하겠나. 말기의 조선은 그야말로 딱하기 그지없는 나라였다. 1897년 발행된 비숍(Isabella Bishop) 여사의 〈조선과 그 이웃나라들 (Korea and Her Neighbors)〉의 한 대목을 보자.

> 상위 계층은 이해하기 힘든 전통과 관념에 묶여 빈둥거리고, 중간 계층은 일을 하고 싶어도 일할 자리가 없다. 하위 계층은 '늑대'가 문으로 기어 들어오는가만 지켜볼 뿐, 더 이상의 일을 하지 않는다… 먹고 살기도 힘든 판에 계급적 특권과 착취가 판을 치고, 정의는 찾아볼 수가 없다. 백성의 삶과 떨어진 허약한 임금, 온갖 음모를 획책하는 '허가받은 도둑들', 서로들 챙겨 가겠다고 다투는 외국 세력들… 조선은 모든 것이 천하고 딱하고 초라하다.

다시 읽어보자. 계급적 특권과 착취, 정의는 찾아볼 수 없고, 민생이 어떤지도 모르는 허약한 임금, '허가받은 도둑'의 부정부패, 음모를 획책하는 외국 세력… 그래서 모든 것이 천하고 딱하고 초라한 나라. 언제부터일까? 언제부터 이렇게 망조가 들었을까? 선조 7년인 1574년 이율곡 선생이 당시 임금인 선조에게 올린 긴 상소문, 만언봉사(萬言封事)를 보자. "(나라 형편이 말이 아닙니다) 큰 집에 비유하면 크게는 들보에서 작게는 서까래까지 썩지 않은 것이 없습니다. 서로 떠받치고 지탱하며 근근이 하루하루를 보내고는 있지만 동쪽을 수리하려 하면 서쪽이 기울고, 남쪽을 보수하려 하면 북쪽이 무너질 판입니다." 1574년, 신미양요가 일어나기 3백 년 전이었다. 그때 이미 나라는 나라꼴을 하지 못하고 있었던 모양이다. 오죽하면 선생이 이렇게 말했겠나. "(사람으로 치면) 원기가 다 빠져 보양을 한다고 해도 몸을 지탱할 수가 없는 지경에 이르렀습니다." 그러면 어떻게 해야 하느냐? 선생이 말했다. 대대적이고 근본적인 개혁을 해야 한다고. "대개 법이란 때에 따라 제정하는 것이니, 때가 바뀌면 법도 바뀌어야 합니다. … 나라를 세울 당시 빈틈없이 만들었겠습니다만 세월이 흘렀으니 세상도 바뀌고 일도 바뀌었을 겁니다. 후대에 잘못 만든 법은 더 말할 필요도 없습니다. 물에 빠진 사람을 구해주듯 서둘러 개혁하지 않으면 안 됩니다." 그러면서 경고했다. "세상 일이 잘못 돌아가고 있고 백성들의 기력 또한 빠지고 있으니… 지금 그러한 개혁을 하지 않으면 10년 못 가 큰 재앙과 환난을 맞게 될 것입니다." 다시 한 번 그 연도를 보자. 1574년, 임진왜란이 일어나기 18년 전의 경고였다.

그래서 고쳤는가? 선생이 이야기한 개혁들, 지금의 언어로 말한다면 좋은 인재가 조정에 들어올 수 있도록 하는 인사개혁, 민생을 위한 정책을 개발하고 이를 책임감 있게 구현하게 하는 정치·행정개혁, 군(軍)의 전투역량을 강화하기 위한 군정개혁 등을 과감하게 단행하였는가? 아니다. 선생의 말씀은 제대로 된 의제도 되지 못한 채 사장되고 말았다. 예컨대 병력을 확보하고, 확보된 병력을 정예화하는 군정개혁은 논의조차 되지 않았다. 그 결과 아무런 준비 없이 임진왜란을 맞았다. 다른 과제들도 마찬가지, 기득권 구조와 의미 없는 당쟁에 가로막혀 그냥 그대로 지나가고 말았다.

임진왜란 이후도 변함 없었던 조선

임진왜란 이후 문제는 더 심각해졌다. 신분질서가 흔들리고 상공업과 유통경제가 발달하는 등 세상이 더욱 빠른 속도로 변해 갔다. 더 큰 틀의 개혁과 혁신이 필요했다는 말인데, 그래도 조선은 꼼짝도 하지 않았다.

우암 송시열을 중심으로 한 서인세력 등 권력을 쥔 자들은 오히려 더 반동적이 되었다. 개혁조치를 강구하는 게 아니라 주자(朱子)를 앞세워 그 역사적 흐름을 막으려 했다. 심지어 일부는 이러한 사회경제적 환경을 오히려 자신들의 권력적 입지를 강화하는 데 썼다. 즉 고전적 질서의 유지가 필요하다는 명분으로 개혁을 주장하는 사람이나 당파를 정치적으로 억압했다. 결과적으로 세상은 더욱 어지러워지고 백성들의 삶은 더욱 피폐해졌다. 하지만 세월은 그저 그렇게 흘러갔다. 못 이길 정도가 되면 그저 고치는 흉내나 내며 그냥 그렇게 흘러갔다. 이익선생의 말이다(성호사설, 인사문편).

> 백성들은 어린아이가 우물로 기어 들어가는 것보다 더 위태로운 삶을 살고 있다. 그런데 정치를 한다는 사람들은 방법이 없다고 하며 못 본 체한다. 또 한다고 해 봐야 지엽적인 일일 뿐, 근본은 건드리지 않는다. 펄펄 끓는 용광로에 쇳덩이를 집어넣어 새로운 무엇을 만들어야 될 판에, 불에다 쇠를 달구어 겉만 두드리는 대장장이 일이나 하고 있다.

참으로 적절한 표현이다. "용광로에 녹여 완전히 새로이 만들어야 할 판에 쇠의 겉만 두드리는 대장장이 일이나 하고 있다." 그러다 잠시 용광로에 쇠를 들이부을 수 있는 권력적 기반이 마련되었었다. 정조 때이다. 개혁군주의 리더십 아래 정치에서 소외되어 있던 남인 출신의 개혁주의자들이 조정으로 들어갔다. 채제공과 정약용 같은 인물들이었다. 나름 한계가 있을 수밖에 없는 개혁들이었다. 이를 반대하는 세력이 워낙 만만치 않았기 때문이다. 하지만 이들의 노력은 그 의미가 컸다. 변화의 흐름을 받아들인다는 점에서, 또 근본적인 구조변화를 시도한다는 점에서 그랬다. 허가받은 상인이 아니면 시전(市廛), 즉 국가가 관리하는 시장에서 장사를 하지 못하게 하던 금난전권(禁亂廛權)을 폐지한 것은 그 좋은 예이다. 보다 개방적이고 자유로운 유통질서를 확립하고 시장을 확장하는 계기가 되었다. 서얼과 노비에 대한 차별을 완화시킨 일, 개혁도시와 계획도시로서의 화성을 축성한 일, 활자를 새롭게 만든 일, 서책을 간행하고 각종의 기술이 개발될 수 있는 정책적 환경을 만든 일 등도 마찬가지이다. 모두 새로운 시대를 열기 위한 노력들이었다. 정책과정을 공부하는 사람 입장에서는 규장각을 만들고 수시로 그 곳의 젊은 학자들과 토론을 한 것도 매우 의미있는 일로 보인다. 지금도 쉽게 형식화되어 버리는 각종의 자문위원회 제도나 보좌관 제도 등을 제대로 운영한 셈이 되기 때문이다. 또 임금이 행차를 할 때 징이나 꽹과리를 쳐 자신의 억울함을 호소하게 한 격쟁(擊錚)이나 임금에게 직접 문서로 청을 올리는 상언(上言)을 할 수 있게 한 것도 그렇다. 새로운 행정과정을 연다는 점에서, 또 새로운 소통구조를 통해 밑에서부터 올라오는 개혁의 에너지를 모을 수 있다는 점에서 큰 의미가 있다. 그러나 이 모든 일은 정조 사후 끝장이 나 버렸다. 씨족 중심의 세도정치 아래 안동김씨 패거리, 풍양 조씨 패거리 등, 세상이 어떻게 변하고 있는지 또 그 변화를 어떻게 받아들일 것인지에 대한 아무런 판단도 없는 자들이 권력을 잡았다. 오로지 권력 그 자체를 위해 권력을 좇는 무리들이었다. 한심한 일이었다. 이들은 중국 중심의 질서가 와해되고 있다는 사실도, 곧 이어 열강의 개방 압력이 있을 수 있다는 사실도, 또 군사력을 정비하고 기술혁신과 새로운 유통질서의 확립이 중요하다는 사실도 몰랐다. 아니, 그러한 변화를 읽을 마음조차 없었다. 오로지 권력, 나라가 망하든 말든 그것만 잡으면 그만이었다.

정조 사후 유배생활에 처해져 있던 정약용 선생은 이를 보고 다시 한 번 절규한다. "(사람으로 치면) 터럭 하나도 병들지 않은 것이 없다. 지금이라도 고치지 않으면 필망국(必亡國), 나라는 반드시 망할 것이다"(경세유표 방례초본). 선생의 말씀처럼 나라는 망국의 길을 걷고 있었다. 식민지의 역사와 분단의 역사는 이때 이미 잉태되고 있었다. 나라 팔아먹은 이완용 패거리만 매국노가 아니라 권력을 위해 권력을 좇던 이들도 그 못지않은 매국노였다. 그리고 이들이 득세하게 만든 잘못된 권력구조와 이를 고치지 못한 당시의 지도자들이 모두 공범이었다. 열강이 이 나라 한 가운데로 들어오고서야 그 권력에 균열이 생기기 시작했다. 그리고 그 틈새로 새로운 개혁세력이 등장했다. 김옥균을 비롯한 갑신정변 세력이 그렇고, 만민공동회나 독립협회 세력이 그렇다. 그러나 이미 때는 늦었다. 그야말로 기력이 다한 뒤였다. 뭉쳐봐야 그게 그거였다. 서로 챙겨 먹겠다고 으르렁거리는 열강의 힘을 넘어설 수가 없었다.

　어찌 보면 긴 역사였다. 3백 년 전인 16세기 후반에 이미 나라
도 아니었던 나라, 그 나라가 그렇게 오래 버텼다. 어떻게 버텼을
까? 설명은 여러 가지다. 강한 중앙집권체제 아래 지방에서 일어
나는 각종의 난을 평정하는 등 그런대로 강한 압제력을 행사할 수
있어 그랬다는 설이 있다. 또 왕권과 가부장권을 중시하는 강한
유교중심의 사고와 서원과 향교 등의 유교관련 조직들이 질서를
유지하는 데 도움이 되었다는 설도 있다. 정치·경제적 설명도 있
다. 즉 상공업이 서구 수준으로 발달하지 못해 체제를 전복시킬
정도의 부르주아, 즉 시민세력이 성장하지 못했다는 설명이 있다.
또 그런가 하면 시민세력이 성장하기는 했지만 기존의 양반체제
에 모두 흡수되어 버렸다는 설명도 있다. 돈을 주고 샀건 어쨌건
어찌어찌 양반이 되었고, 양반이 되자 오히려 그 신분을 과시할
수 있는 기존 체제를 유지하는 데 힘을 보태게 되었다는 말이다.
제법 말이 되는 소리다. 그러나 오래가면 무엇 하나. 그 오랜 역사
속에서 나라는 무너질 대로 무너져 내렸고 백성은 그 긴 역사만큼
이나 길고 험한 고통을 당했다. 비숍 여사가 말하는 '모든 것이 천
하고 딱하고 초라한 나라 조선', 그러다 결국 남의 나라 식민지가
되어 버렸다.

개혁세력은 왜 세력화되지 못했나?

　지난 5월 일본을 갔다. 명치유신의 현장과 정한론(征韓論)의 현장을 다시 한 번 둘러보고 싶어서였다. 배낭을 메고 동경을 거쳐 옛 사쓰마번(薩摩藩) 지역과 조슈번(長州藩) 지역을 돌았다. 지금의 가고시마현(鹿兒島縣) 지역과 야마구치현(山口縣) 지역이다. 배낭을 메고 걷고 또 걸으며 생각했다. 일본 역시 임진왜란 이후 쇠락하기 시작했던 나라이다. 1853년 미국의 페리제독이 흑선을 타고 지금의 동경인 에도(江戶)만에 나타났을 때만 해도 이 나라 역시 시원치가 않았다. 정부인 막부는 허약하기 짝이 없었고 일반 백성들은 옷도 제대로 입지 못하고 다니는 '미개한 사회'였다. 미국과 맺은 1854년의 미일화친조약과 1858년의 미일수호통상조약은 당시의 막부가 어떤 형편이었는지를 짐작케 한다. 둘 다 겁에 질려 맺은 말도 안 되는 불평등조약이었다. 특히 미일수호통상조약은 일본의 관세자주권을 제약하고 미국인의 일본 내 범죄행위에 대해 치외법권을 인정해 주는 내용까지 들어 있다. 이런 나라가 명치유신을 통해 새로운 나라가 되었다. 그리고 그로부터 몇 십 년 만에 중국과 러시아와의 전쟁에서 이기고, 옆 나라 조선을 식민지로 집어 삼키는 나라가 되었다. 심지어 그 힘과 자신감이 넘쳐 대동아공영, 즉 아시아를 하나로 만들어 공동번영하게 한다는 일본판 제국주의의 꿈까지 꾸는 나라가 되었다.

무엇이 달랐을까? 어떻게 이 나라는 그렇게 될 수 있었을까? 네 가지 생각이 머리를 스쳐갔다. 먼저 그 하나, 목숨을 아끼지 않는 개혁주의자 또는 혁명가들의 존재였다. 쇼카손주쿠(松下村塾) 학당을 열어 메이지 유신의 주역들을 길러 낸 요시다 쇼인(吉田松陰), 그는 막부를 타도하기 위한 활동을 하다가 30살에 처형되었다. 20대의 나이에 조선을 정벌해야 한다는 정한론과 일본의 제국주의 침략의 배경이 되는 대동아공영론을 주창한 인물이었다. 소위 4대 천왕이라 불렸던 그의 수제자 요시다 토시마로(吉田稔磨), 구사카 겐즈이(久坂玄瑞), 이리에 쿠이치(入江九一)는 모두 20대의 나이에 반막부 활동을 하다가 피살되거나 자결했다. 다카스기 신사쿠(高杉晋作)만이 28세의 나이에 폐결핵으로 병사했다. 그러나 그 역시 1천 명의 군사로 막부군 2만 명을 상대로 싸우는 등 모든 활동과 모든 전투에 목숨을 걸었다. 사쓰마번(薩摩藩)과 조슈번(長州藩)의 동맹, 즉 삿쵸 동맹을 성사시켜 메이지 유신의 정치·군사적 기반을 마련해 준 사카모토 료마(坂本龍馬) 역시 서른의 나이에 암살을 당했다. 또 명치유신의 영웅인 사이고 다카모리(西鄕隆盛)는 자신이 조선으로 건너가 임금을 모욕하다 처형당해 죽을 테니 이를 이유로 조선정벌에 나서라 고집하기도 했다. 자신의 이러한 정한론이 받아들여지지 않자 낙향했고, 이후 정부군과 대립하다 패색이 짙어지자 자결을 했다. 이들 대부분은 막부가 미국을 비롯한 열강에 굴복하는 것에 격분해 막부를 타도하는 '토막'(討

幕)의 깃발을 든 하급무사들었다. '하급'은 권력의 외곽이나 변방에 놓여 있었다는 뜻이고, '무사'는 강한 의지와 호전성, 그리고 '멋있는' 죽음에 대한 낭만적인 생각이 있었다는 뜻이다. 혁명이나 근본적 개혁이 어디서 누구로부터 시작되어야 하는지를 보여주는 부분이다.

둘째, 막부와 분리된 왕의 존재가 있었다. 막부를 치는 것은 혁명이자 쿠데타였다. 유신의 주역들에게는 이를 정당화할 그 무엇이 필요했다. 왕은 이 점에 있어 더 없이 소중한 존재였다. 왕을 모시고 오랑캐를 내쫓는다는 뜻의 '존왕양이'(尊王攘夷)는 막부에 불만을 가진 하급무사들의 가슴을 뛰게 했다. 막부에 대한 불만이 커질수록, 또 열강들의 개방 압력이 거세질수록 왕은 종교가 되고 신이 되었다. 무엇을 위해 죽을 것인가? 요시다 쇼인이 답했다. "왕을 위해 죽어라." 오랜 세월 무사들은 자신들이 모시는 다이묘, 즉 봉건영주를 위해 죽었다. 왕이 아니었다. 그러나 어느새 이들의 가슴 속에서 다이묘가 아닌 왕이 자리잡고 있었다. 막부타도를 넘어 봉건체제 자체를 부정하는 기운이, 또 왕을 중심으로 한 통일체제로의 꿈이 확산되고 있었던 것이다. 다시 요시다 쇼인의 말이다. "일군만민(一君萬民), 천하는 왕이 지배하고, 모든 백성은 그 아래 평등하다." 다이묘의 자리는 이미 없어지고 있었다.

셋째, 분권적 체제이다. 명치유신의 주역인 사쓰마번(薩摩藩)과 조슈번(長州藩)은 도쿠가와 이에야스의 집권을 확정해 준 세키가하라 전투에서 반대편인 서군에 속해 있었다. 당연히 막부와 사이가 좋지 않았다. 서군의 선봉에 섰다가 영지를 대폭 삭감당한 조슈번은 더욱 그러했다. 그럼에도 불구하고 이 두 번(藩)은 농업과 무역 등을 통해 부를 축적하고 군사력을 기를 수 있었다. 봉건적 분권체제였기에 가능한 일이었다. 다카스기 신사쿠와 사이고 다카모리 등은 때로 다이묘를 도우며, 또 때로는 이들과 싸워가며 각기 자신들이 속한 번(藩)을 장악했다. 그리고 그 힘으로 막부를 쳤다. 왕의 존재가 이들의 정신적 기반이 되었다면, 분권체제 위에서 강화되었던 이 두 번(藩)의 경제력과 군사력은 이들이 행동할 수 있는 물리적 기반이 되었다.

그리고 넷째, 거버넌스 구조의 개혁이다. 명치유신 이전의 막부체제는 군사지도자인 쇼군이 지배했다. 군사적 긴장이 있을 때 그러한 긴장을 근거로 다이묘들을 누르는 체제였다. 평화가 오래 지속되고, 그래서 다이묘들이 원심력을 발휘하게 되면 문제가 생기게 되어 있었다. 뿐만 아니다. 상공업의 발달과 도시화 그리고 민권신장 등의 사회변화를 소화해 낼 수 있는 체제도 아니었다. 그러기에는 정책과정과 행정구조가 너무나 단순했다. 각 번(藩)이 잘 소화해 주면 다행이었겠지만 그럴 수도 없었다. 번(藩)이 감당할 수 없는 전국적 규모의 정책수요와 행정수요가 빠르게 늘어나고 있었기 때문이다. 쉽게 말해 그대로 존속될 수 없는 구조였다는 말인데, 명치유신의 주역들은 이 모든 것을 혁명적으로 바꾸었다. 대정봉환(大政奉還)을 통해 막부가 가진 통치권을 왕에게 넘겨주었다. 그리고 판적봉환(版籍奉還)을 통해 다이묘들의 영지와 영민(領民)도 왕에게 돌려주었다. 이어 폐번치현(廢藩置縣), 다이묘들의 번(藩)을 중앙행정조직에 편입시켜 부(府)와 현(縣)으로 개편하였다. 봉건적 분권체제를 중앙집권체제로 바꾸어버린 것이다. 뿐만 아니다. 대정봉환 이후 중앙정부의 구성도 완전히 바꾸었다. 형식적이기는 하지만 입법 행정 사법의 삼권분립을 표방했다. 그리고 행정기구를 강화하는 동시에 입법을 담당하는 공의소(公議所)를 설치했다. 공의소에는 명치유신을 이끈 하급무사 출신의 인사들이 대거 포진되었다. 거버넌스 구조, 즉 국가운영체제의 혁신과 함께 정치의 주체를 쇼군과 다이묘에서 이들 신진세력으로 교체하는 세력교체를 이룬 것이다.

조선은 여러 가지 점에서 달랐다. 우선 조선은 혁명적 사고와 전투력을 함께 갖춘 하급 무사가 없었다. 있다고 해도 그 실력을 키울 만한 분권적 체제가 존재하지 않았다. 개혁세력의 인적·물적 토대가 그만큼 약할 수밖에 없었다는 말이다. 게다가 임금이 정부고 정부가 곧 임금이었다. 정부에 대한 비판은 곧 임금에 대한 비판이 될 수 있었다. 선각자들의 비판이나 충언도 그것으로 끝날 뿐, 세력화될 수는 없었다. 특히 국가운영체제 문제는 더욱 그러했다. 자칫 역모로 몰릴 수 있는 부분이었다. 그 결과 이미 생명을 다한 왕정과 국가운영체계가 그대로 존속하게 되었다. 왕의 존재가 막부에 대한 비판과 공격을 정당화시켜 주었던 일본과는 완연히 다른 구도였다.

깊어지는 우려 : 지금의 우리는?

우리 힘으로 나라를 되찾지 못했기 때문일까? 우리는 그 망국의 역사를 아주 쉽게 잊고 있다. 그러는 사이, 다시 이상 징후들이 나타나고 있다. 자살률 세계 1위, 빠르게 늘어나는 한계기업, 위축된 기업투자, 세계 최고 수준의 가계부채 비율, 너 죽고 나 죽는 자영업 생태계, 심화되는 양극화, 방위산업 등 안보와 안전에까지 파고든 비리…, 열거하자면 끝이 없다. 왜 이런 현상들이 일어날까? 이유는 하나다. 국가의 대응이 변화를 따라가지 못하고 있기 때문이다. 변화가 빠르면 이에 대한 대응도 빨라야 한다. 또 문제의 구조가 복잡하면 대응의 내용 또한 더 치밀해야 한다. 시의적절하고 합리적인 대응이 필요하다는 말이다. 누구의 말인가? 앞서 소개한 이율곡 선생이 선조 임금에게 올린 말씀, 바로 그것 아니겠나. "때가 바뀌면 법도 바뀌어야 합니다. … 세월이 흘렀으니 세상도 바뀌고 일도 바뀌었을 겁니다. … 서둘러 개혁하지 않으면 안 됩니다."

몇 가지 예를 들어보자. 가족제도가 약화되면 국가와 사회가 그 기능을 대신해 주어야 한다. 하지만 그러지 못하고 있으니 외로운 노인들이 스스로 목숨을 끊는다. 한계기업이 늘어나는 것도 마찬가지. 시장에서 생존하기 힘든 기업은 다른 산업으로 전환을 해야 한다. 당연히 이를 위한 금융지원이 이루어지고, 노동자를 재배치시키기 위한 재교육 프로그램도 강화되어야 한다. 그러지 않고 있으니 한계기업이 늘어나는 것이다. 다른 부분도 그렇다. 과거처럼 국가가 기업의 투자위험을 감당해 줄 수 없는 형편이면 자본시장이 이를 감당하도록 해야 한다. 복지 수요가 늘어나면 조세구조를 바꾸어 재정을 더 확보할 수 있도록 해야 하고, 청년실업을 줄이려면 서비스 산업 등 양질의 일자리를 늘릴 수 있는 산업을 활성화시켜야 한다. 어떤가? 이 모두를 잘 하고 있나? 그렇지 못하니 문제가 생기는 것이다. 구호는 요란하다. 경제민주화, 규제개혁, 조세개혁, 노동개혁, 교육개혁, 창조경제, 문화융성…. 그러나 막상 일어나는 일은 연금개혁 찔끔 노동개혁 찔끔, 이것 찔끔 저것 찔끔, 이익 선생이 말하는 '대장장이 짓'이다. 어느 특정 정권을 말하는 게 아니다. 어느 정권 할 것 없이 그렇다. 그러면 어떻게 해야 하나? 많은 사람들이 답한다. 세력 교체를 해야 한다고. 지도자 교체를

해야 한다고. 저 당이 아닌 이 당이 집권을 하면 되고, 저 사람이 아
닌 이 사람이 하면 된다고. 그래서 누가 대통령이 되어야 하고, 어
느 쪽이 다수당이 되어야 한다고. 기만이다. 모두 거짓말이다. 세
력 교체, 지도자 교체만으로는 아무 것도 얻을 수 없다. 자동차로
치면 동력장치와 기어장치 그리고 브레이크가 모두 고장 난 상태
이다. 누가 운전한다고 해서 크게 달라질 게 없다. 세종대왕이 와
도 이순신 장군이 와도 그렇다. 문제는 거버넌스 구조, 즉 국가운
영체계에 더 크게 있다. 명치유신 이전의 막부가 그러했듯이, 또
임금이 통치를 했던 조선의 지배구조가 그러했듯이 지금 우리의
거버넌스 구조는 이미 내려앉은 자동차처럼 그 생명이 다 됐다.

국회만 해도 그렇다. 국회는 대화와 타협의 기구이다. 또 정치·
경제적 이해관계와 신념이 부딪치는 기구이다. 무엇을 빠르게 결
정할 수 있는 기구가 아니다. 당연히 우리가 원하는 만큼, 또 우리
가 원하는 방향대로 작동하게 되어 있지 않다. 흔히들 싸움만 하고
있으니 문제라고 한다. 그러나 이것도 틀렸다. 국회는 원래 싸움을
하는 곳이다. 해야 할 싸움은 하지 않고 엉뚱한 싸움만 하고 있으
니 문제이지, 싸움을 하는 것 자체가 문제가 될 수는 없다. 세계 어
느 나라에도 다툼이 없고 대치가 없는 국회는 없다. 원래 싸우고
대립하는 기구이고, 그래서 빠르고 복잡한 변화에 대해 시의적절
하게, 또 치밀하고 합리적으로 대응할 수 없는 기구이다. 적지 않

은 미래학자들이 이를 '농경시대의 유물'이라 하는 이유이다. 그러면 다른 나라의 국회는 어떻게 잘 하고 있나? 글쎄, 연명하고 있다는 말이 더 어울리는 것 같다. 그 연명의 방법은 크게 두 가지이다.

우선 그 하나는 기능과 권한을 다른 기구에 넘겨주는 것이다. EU와 같은 지역단위 연합정부에 넘겨주고 대통령이 이끄는 행정부나 수상이 이끄는 집행부로 넘겨준다. 또 노사정위원회나 환경 관련 위원회 등 독립 위원회 등으로 넘겨주기도 하고 지방의회 등의 지방조직으로 이양하기도 한다.

또 다른 하나는 기능과 권한의 일부를 아예 포기해 버리는 것이다. 이를테면 해야 할 규제를 하지 않고 시장자율에 맡겨 버리는 것 등이다. 그래서 금융위기도 일어나고 했지만 말이다.

우리 국회는 어떤가? 이런 연명을 위한 노력조차 하지 않는다. 오히려 그 권능을 강화하겠다고 설친다. 이를테면 지방분권 체제를 제대로 확립하기 위한 일은 생각하지도 않는다. 이리저리 엉망인 지방자치를 만들어 놓고 공천권 행사 등을 통해 그 위에 올라탈 생각만 하고 있다. 비유하자면 소화시켜낼 능력도 없는 자가 음식을 있는 대로 끌어 안고 있는 형국이다. 그러다 왜 이 모양이냐 비판하면 "저 친구들 때문에 그렇다"며 아무에게나 손가락질을 한다. 상대 정당을 욕하는 것은 기본이고 급하면 동료 의원들에게까지 십자가를 씌워 도마뱀 꼬리 자르듯 목을 친다. '현역 물갈이'라는 게 바로 그런 것 아니겠나. 심각한 기만행위이다.

대통령이라 하여 무엇이 다르겠나. 행정부 관료의 책상 위에서 출발한 법안이 행정부 내의 절차를 거쳐 국회를 통과하고, 그래서 집행단계에 이르기까지 평균 35개월이 걸린다. 임기 초에 시작하면 레임덕이 시작될 쯤에나 집행을 하게 된다는 말이다. 그것도 살아남은 법안의 경우이다. 중간에 죽어 없어지는 것 또한 수없이 많다. 이 지경에 무엇을 그리 많이 제대로 할 수 있겠나. 보기에 따라 대통령의 힘은 막강하다. 특정기업을 죽일 수도 있고 누구 한 사람에게 특혜도 줄 수 있다. 그러나 이 힘은 힘이 아니다. 문제는 우리 사회가 당면한 구조적인 문제들을 풀 수 있느냐의 문제인데, 그런 힘은 없다. 때로는 대통령이 하자고 하면 더 안 된다. 야당이나 여당 내의 반대세력 등이 이를 대통령을 압박하는 카드로 쓰기 때문이다.

　관료행정 체제는 더 말할 것 없다. 온갖 규정과 지침들이 관료들에게는 밟으면 터지는 지뢰가 되고 있다. 지뢰밭에서는 움직이지 않는 게 상책이다. 일을 하고 싶어도 일을 할 수가 없다. 그러한 규정과 지침을 없애면 되지 않느냐? 그렇지가 않다. 나름 다 존재하는 이유가 있다. 그래서 함부로 없앨 수도 없다. 최소한 시험 하나는 쳐서 들어가는 게 관료행정 조직이다. 괜찮은 인재들이 모인다. 그러나 이렇게 들어 온 인재들은 곧 이런저런 눈치나 보는 눈치꾼이 된다. 그래서 관료행정 조직을 '인재의 무덤'이라 부른다.

이 거대한 조직이 이렇게 '무덤'이 되어 있는 판에 과연 무엇을 기대할 수 있을까? 이런 국회와 대통령, 그리고 관료행정 조직을 이대로 두고 나라가 잘 되기를 바란다? 아서라. 이미 내려앉은 자동차이다. 누가 운전해도 소용이 없다. 미동이야 할 수 있겠지. 1~2km 정도는 갈 수도 있겠지. 그러나 빠르게 변하는 세상은 따라갈 수 없다.

사실 박정희 대통령의 죽음이 권위주의적 거버넌스 구조로는 더 이상 안 된다는 것을 보여 주었다면, 김대중 노무현 대통령의 쓰라린 경험은 지금과 같은 거버넌스 구조도 더 이상 안 된다는 것을 말해주고 있다. 특히 노무현 대통령의 죽음은 그렇다. 좌에서 얻어맞고 우에서 얻어맞고, 심지어 열렬한 지지자들까지 등을 돌린 상태에서 세상을 떠났다. 얼마나 많은 대통령이 만신창이가 되어 임기를 마쳐야 그것이 대통령 개인만의 잘못이 아니라는 것을 알까? 얼마나 많은 정치지도자와 국회의원들이 '나쁜 놈' '무능한 놈' '더러운 놈'이 되어야 그것이 그들만의 잘못이 아니라는 것을 알까? 또 얼마나 많은 관료들이 눈치나 보는 '공적'이 되어야 그것이 사람의 문제만이 아니라는 걸 알게 될까? 풀어야 할 문제를 풀지 못하는 정치는 여전히 더러운 것, 그래서 잃을 것 없는 자들이나 하는 것이 되어 있다. 양식 있는 자들은 스스로 거리를 두고, 이에 뛰어드는 자들은 자의건 타의건 오로지 권력 그 자체를 위해 권력을 좇는 모양이 되고 있다. 조선을 망국으로 이끈 세도정치의 무리들,

그들과 같은 모양이다. 지금 가는 길이 망국의 길이 아닌지 묻지 않을 수 없다.

그러면 어떻게 할 것인가?

변화를 따라가지 못했던만큼, 그래서 문제가 쌓이고 쌓인만큼 근본적인 개혁을 해야 한다. 시진핑 주석이 말하는 '봉황열반, 등롱환조'(鳳凰涅槃, 騰籠換鳥), 즉 봉황새가 스스로를 불에 태워 그 재 속에서 새롭게 태어나듯, 또 새장을 들어 올려 새를 완전히 바꾸듯 개혁해야 한다. 이익 선생의 말을 빌린다면 '용광로에 부어 새로 만드는' 정도의 개혁이어야 한다. 그러기 위해서는 국가운영의 틀을 바꾸어야 한다. 즉 국민의 신념과 이해관계를 잘 모을 수 있는, 그래서 의제가 되어야 할 것이 의제가 되는, 그러면서도 빠르고 합리적인 의사결정을 할 수 있는 그러한 거버넌스 구조가 확립되어야 한다. 그것이 어떤 것이냐에 대한 논의는 이 글의 범위를 넘는다. 또 혼자 마구 이야기할 일도 아니다. 다만 세 가지의 기본 원칙만 이야기 해 두자.

첫째, 그것은 지방분권지향적이고 참여지향적인 것이어야 한다. 대의정치의 모순이 분명해지는만큼 권력을 원래의 주인인 국민들에게 가져다 주어야 하기 때문이다. 또 밑에서부터 올라오는 국민들의 에너지가 국가운영의 동력이 되도록 해야 하기 때문이다. 또 하나, 지방정부와 지방정부가 경쟁을 하는 체제를 통해, 더 나아가 중앙정부와 지방정부가 경쟁을 하는 체제를 통해 사회변화에 대한 국가 전체의 대응능력을 키워야 하기 때문이다.

둘째, 숙의(熟議)가 작동하는 체제여야 한다. 참여지향적인 것이라 하여 일반 국민을 마구 참여시키는 것은 반민주적 행위이다. 모바일 투표가 불러올 수 있는 문제를 생각해 보면 쉽게 상상할 수 있다. 정서적이고 감정적인 참여, 파편적인 의견이 주도하는 참여는 오히려 민주주의의 적이 될 수 있다. 참여는 반드시 서로가 지식과 정보를 교환할 수 있고, 또 의견을 나누며 생각할 수 있는 숙의가 수반된 것이어야 한다.

그리고 셋째, 이러한 거버넌스 구조의 개혁은 새로운 세력 내지는 집단이 주도해야 한다. 그 운영도 그렇게 되어야 한다. 기존의 정치세력은 여야를 막론하고 이미 기득권 구조에 함몰되어 있다. 새로운 거버넌스 구조를 만들 수도 없고 운영할 수도 없다. 기존 정치권 내의 세력교체가 아니라 기존 정치권 전체를 경계하는 세력교체여야 한다는 말이다. 도대체 무엇을 말하는 것이냐? 좀 더 손에 잡힐 만큼 설명을 할 수는 없나? 좋다. 이왕 이야기를 꺼내 놓았으니 머리 속에 든 그림의 한 조각이라도 드러내 보자. 물론 같이 생각하고 같이 다듬어 가야 할 내용이다.

우선, 새로운 거버넌스 구조를 만들고, 또 이를 운영하는 주체의 문제이다. 기존의 정치세력이나 집단이 아닌 새로운 집단이 필요하다고 했는데 누구를 말하는 것인가? 권력의 핵심에 있지 않은 사람들, 그러면서 잘못된 정치와 행정으로 인해 피해를 입고 있는 사람들이다. 이를테면 취업걱정을 하는 젊은이들, 취약한 사회안전망에 영세 자영업으로 몰려 고생을 하고 있는 사람들, 구조조정을 걱정하는 사람들, 노후가 걱정되는 사람들이다. 결례가 되는 표현이지만 굳이 말하자면 '하급무사들'이다. 근본적 개혁은 언제나 이 '하급무사들'의 몫이다. 명치유신도 그렇고 프랑스 혁명도 그렇다. 이들 '하급무사들'이 지금 서 있는 자리에서 한 발자국씩만 앞으로 나와 주면 세상은 달라진다. 즉 스스로의 문제를 혼자 고민하는 것을 넘어 같이 나라 걱정을 한 번 해주고, 무엇이 잘못 되었는가에 대한 새로운 생각을 해 주면 많은 것이 변한다.

그러면 이들을 어떻게 불러 낼 것인가? 핵심은 지방이다. 지방정부 주변에 이들이 자유롭게 참여하고 토론할 수 있는 시민의회를 만드는 것은 어떨까? 실제 있었던 예를 하나 들자. 아이들을 키우는 어머니들이 200여 명 모였다. 그리고 지방정부가 가진 보육예산을 어떻게 쓸 것인가를 토론했다. 몇 시간 토론 뒤 투표를 통해 우선순위를 정했고, 이를 지방정부 수장과 지방의회에 전했다. 이를 전달받은 지방정부 수장이나 지방의원들이 어떻게 반응했겠나? 크게 수용할 수밖에 없었다. 거버넌스 구조를 바꾼다는 것이 거창한 것은 아니다. 이런 것에서부터 시작하는 것이다. 잘 알다시피 지금의 지방정부와 지방의회는 잘못되어 있다. 공천과정부터 엉망이니 더 말할 것이 없다. 당연히 거버넌스 구조의 문제도 심각하다. 그러나 모두들 한 발자국씩만 앞으로 나오고, 그래서 이러한 시민의회나 민회 활동이 조금만 활성화되어도 많은 것이 달라진다. 처음에는 생활과 직접 관련된 사안을 중심으로 시작할 수 있다. 보육, 보건, 교통, 지역치안 등 많은 사안들이 있을 수 있다. 그리고 차차 이를 일반 행정문제로, 또 국가와 지방정부 간의 권한배분 문제로 확대해 나갈 수 있다. 더 나아가 이러한 활동이 성숙되면 전국적인 차원에서의 시민의회나 민회가 이루어질 수도 있다. 또 이런 과정을 통해서 길러진 지도자들이 지방정부 운영의 주축이 될 수도 있다. 한 지방정부가 바뀌면 그 옆의 지방정부가 바뀐다. 소위 내부 경쟁의 원리이다. 중앙정부는 경쟁자가 없지만 지방정부는 주민의 눈치를 보며 옆의 지방정부와 경쟁을 한다는 말이다. 그리고 지방정부들이 바뀌게 되면 중앙정부도 바뀐다. 중앙정부 또한 지방정부와 경쟁을 하지 않을 수 없기 때문이다.

많은 이들이 중앙차원에서의 세력교체를 말한다. 정권교체를 하자는 집단도, 제3당을 추진하는 집단도 그렇다. 세력교체가 이 나라를 바로 세우는 길이라 한다. 그러나 자세히 보라. 기존 정치권 내의 세력은 그 세력이 그 세력이다. 결국은 안동김씨나 풍양조씨냐의 문제다. 문제를 풀 수 있는 해답은 어차피 그들에게는 없다.

정당정치와 의회정치의 틀을 넘는 거버넌스 개혁은 더욱 그렇다. 이미 그 안에 속해 있는 그들에게 어찌 이를 뛰어 넘는 대안이 있겠는가. '하급무사들'에 의한 아래로부터의 개혁, 또 이들이 주도하는 새로운 거버넌스 구조의 구축, 돌아가는 길이지만 오히려 더 빠른 길일 수 있다. 동네가 바뀌면 나라가 바뀌기 때문이다. "동네 안에 국가가 있다." 1991년 담배자판기금지조례를 만들어 학교 앞에서 담배자판기를 철거하게 했던, 그래서 그것이 퍼져 전국 모든 지역의 학교 앞 담배자판기를 철거하게 만들었던 부천 YMCA 보고서의 부제이다. "우리 동네의 작은 법 하나가 지금 전국으로 메아리쳐 가고 있습니다." 그 보고서의 마지막 부분의 글이다.

맺는 말

다시 신미양요에서의 광성보 전투를 생각한다. 성벽 난간에 올라가 총을 가진 적군을 향해 돌을 던지는 병사, 그러다 적군의 총에 머리를 맞고 쓰러지는 병사. 그 참담하고 슬픈 장면에 스스로 목숨을 끊는 노인들의 모습과 일자리를 찾아 헤매는 젊은이들의 모습, 그리고 가계부채에 시달리는 영세 상인들의 모습이 겹쳐진다. 확실히 우리는 망국 조선이 걸었던 길과는 다른 길을 가고 있는가? 확신이 서지 않는다. 다시 식민지가 될 일도 없고, 주권을 빼앗길 일은 없다고? 지금 세상에 식민지가 어디에 있느냐고? 식민지가 되고 주권을 빼앗겨야 망국인가? 많은 국민이 참지 못할 만큼 힘들어하면 그것이 망국이다. 그래서 식민지가 되기 오래 전의 조선을 이미 나라가 아니었다고 하는 것이다. 때로 절망한다. '이기자'만 외치는 여의도 정가의 모습에, 움직이지 않는 관료행정 체제에, 또 쌓이고 쌓이는 문제에 절망한다. 그래도 어쩌겠나. 이 나라가 내 나라이고 우리나라인데. 같이 고민을 하자. 그래서 내 나라 우리나라, 좋은 나라 만들자.

03

우리 사회의 청렴성과
투명성 제고방안

박재영

| 학력 |
- 서울대학교 경제학과 졸업(학사)
- 서울대학교 행정대학원 졸업(석사)
- 영국 버밍엄대학교 지방자치연구소 수료
- 한양대학교 대학원(행정학 박사)

| 경력 및 활동사항 |
- 함평군수(서기관)
- 대통령직인수위원회 전문위원
- 기획예산처 균형발전재정기획관
- 청와대 대통령실 정무수석실 행정자치비서관
- 국민권익위원회 부위원장 겸 사무처장(차관급)

| 저서 및 논문 |
- 참여정부의 지방분권(정부혁신지방분권위원회 백서 2005)
- 영국을 다시 본다(금호문화 1999)
- 여왕의 핸드백엔 무엇이 들었을까(다지리 2000)
- 행복한 사람들의 삶터 그 곳에서 길을 묻다(박재영 등. 에이케이디자인 2008)

박재영 | 전 국민권익위 부위원장

우리 사회의 청렴성과 투명성 제고방안

동서고금 부정부패는 숙명인가?

부패란 무엇인가? 부정부패를 줄인 말이기도 한데, 사전에 보면 (Wikipedia) "사회구성원이 권한과 영향력을 부당하게 사용하여 사회질서에 반하는 사적 이익을 취하는 것을 말한다"고 되어 있다. 부당사용, 사적 이익 등 사실 어렵게 정의되어 있지만 부패의 원래 뜻인 '썩었다'는 의미가 더 쉽게 다가오는 것 같다. 정치, 경제, 사회, 문화 등 모든 분야가 다 이 부패문제에서 자유롭지 못한 것이 작금의 한국 현실인데, 사실 우리나라만의 문제는 아니고 선진국은 물론 후진국까지 정도는 다르지만 모든 나라가 겪고 있으며, 동서고금을 막론하고 인류역사와 함께 부패문제는 늘 존재해왔다. 즉 어느 정도로 부패했느냐의 문제일 뿐, 어느 국가 어느 사회나 이 문제는 있었다. 우리나라를 보면 조선시대 청백리제도가 있었는데, 역설적으로 얼마나 조선시대 관리가 부패했으면 청백리를 뽑아 이를 본받도록 했을까 싶다. 조선시대 청백리는 총 217명이 배출되었는데 맹사성, 황희, 최만리, 이현보, 이황, 이원익, 김장생, 이항복 등이 대표적인 인물이라 한다. 조선이 임진왜란을 불러온 것도 왕을 비롯한 집권층 관리들의 태만과 부패요, 조선 말 나라가 기우는데 아랑곳하지 않은 관리들의 부정부패로 조선이 끝내 외세에 망하고 만 것이라고 보면 좀 심한 해석일까. 물론 우리나라만 유독 부정부패의 문제가 심각한 것은 아니다. 공산국가인 중국, 베트남, 캄보디아, 몽골 등은 우리보다 더 부패가 심하고, 심지어 선진국에서도 끊임없이 부정부패 사례가 나오는 걸 보면 근본적인 대책은 그리 쉽지 않은 것 같다. 부정부패를 발본색원한다기보다 어떻게 하면 부패를 줄여나갈 것인지에 초점을 맞춰야 할 것인지도 모른다.

선진국인 영국도 2009년 하원의원 세비 과다청구 스캔들로 매우 시끄러웠다. 총리를 비롯한 하원의원들이 주택수당 이중 청구, 정원 손질비용 과다청구, 책장·양탄자·피아노 조율 비용청구 등 실로 다양한 방법으로 세비를 과다청구한 사례가 폭로되어 종신직

하원의장이 중도사퇴하고, 장·차관 4명, 의원 646명 중 46명이 사임하였고, 대대적인 의회개혁안이 마련되었다는 걸 보면 선진국도 예외는 아닌 것 같다. 또한 최근의 그리스 국가부도 사태의 원인으로 GDP의 25% 이상되는 지하경제와 대규모 탈세, 집권층의 부정부패 만연 등이 지적되고 있는데, 2014년 국제투명성기구는 그리스를 유럽연합에서 가장 부패한 국가로 평가하기도 하였다. 물론 '복지 포퓰리즘'도 하나의 원인으로 거론되기도 하지만.

연일 터지는 방위사업 비리, 원전 비리, 세월호 참사관련 관료와 기업의 유착 비리, 성완종 사건 관련 정치권 비리, 경제계 재벌비리 등 아침에 눈을 뜨면 언론에 보도되는 비리들로 나라가 들썩이고 있다. 이러고도 우리나라가 온전히 유지되고 발전될 수 있을까 싶을 때가 많다. 그러나 우리나라가 정말 어려운 역경 속에서도 이렇게 발전해 온 것을 보면, 부패문제도 어느 정도 통제가능하며 완전척결은 어렵더라도 크게 줄일 수 있는 길은 있지 않을까?

우리나라 청렴수준에 대한 국제적 인식

지난해 세계은행이 발표한 자료에 따르면 우리나라의 총 GDP 규모는 세계 14위 수준으로 글로벌 경제 강국들과 어깨를 나란히 하고 있다. 또한 금년 5월 스위스 IMD(International Institute for

Management Development, 국제경영개발원)에서 발표한 2015년도 세계경쟁력 평가에서도 우리나라는 지난해보다 1단계 상승한 25위에 올라 명실상부한 경제 선진국의 반열에 도달했다는 평가를 받고 있다. 국가경제규모, 수출규모, 교육수준, 국가브랜드 순위에서도 세계 10위권을 오르내리고 있다. 특히 과거 세계2차대전 이후 원조를 받던 나라에서 원조를 주는 나라로 성공적으로 탈바꿈한 유일한 국가로서 많은 개발도상국들이 우리나라의 성장과 발전을 부러워하며 벤치마킹하기 위해 노력하고 있는 상황이다. 하지만 이러한 외형적 성과에 가려진 우리의 가장 부끄러운 단면이 있는데 그것은 상대적으로 낮은 청렴수준, 바로 부패문제이다.

국제투명성기구(TI)에서는 매년 전 세계 국가들의 부패인식지수(CPI, Corruption Perception Index)를 평가하여 발표하고 있는데, 이 지수는 어느 특정 국가의 청렴수준을 다른 나라와 비교할 때 국제적으로 가장 널리 쓰이고 있는 지표이다. 지난해 우리나라의 부패인식지수는 100점 만점에 55점으로 순위로 따지면 전세계 175개국 중 43위에 그치고 있으며, 지난 10년간 계속해서 40위권을 맴돌고 있는 상황으로 우리나라의 경제수준이나 국가경쟁력에 비하면 상당히 낮은 것이 사실이다. 특히 아시아 국가 중에서는 싱가포르, 일본, 홍콩, 부탄, 대만에 이어 6위에 불과하고 OECD 34

개국 중에서는 27위에 머무르고 있다.

또한 앞서 언급한 IMD 국가경쟁력 순위도 전체적으로는 지난해에 비해 상승하였지만, 조사대상 61개국 중 뇌물공여·부패비리 측면에서는 32위, 정부의 투명성 측면에서는 40위에 위치하여 청렴수준과 관련된 지표에서는 하위권으로 뒤처져 있다. 게다가 두 가지 지표 모두 지난해에 비해 하락하고 있는 추세여서 우리나라의 부패문제를 바라보는 시각이 점점 더 악화되고 있음을 알 수 있다.

우리나라 CPI 변동 추이

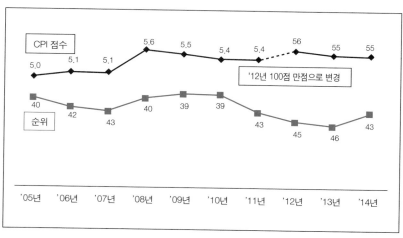

주요 외신들도 우리나라 부패문제를 지속적으로 보도하고 있는 실정이다. 뉴욕타임스는 13년 8월 원전비리를 집중 조명하면서, "일부 업체에 집중된 원전산업 구조, 학연과 지연 등을 통한 업체 간 유착구조가 마피아에 비견할 만하다"고 지적한 바 있고, 파이낸셜타임스는 지난해 세월호 참사가 벌어지자 "부패를 필요악으로 인식하고 관대하게 대응해온 것이 세월호 사건의 배경이 되었다"는 뼈있는 논설을 싣기도 하였다. 또한, 최근에는 프랑스 유력 언론인 르몽드에서 "한국사회는 법조계부터 군인, 교사, 고위공무원에 이르기까지 촌지나 떡값이 만연해 있다"며 우리나라의 부패 현실을 신랄하게 꼬집은 바 있는데, 이처럼 주요 외신이 우리나라의 부패문제를 중요한 이슈로 다루고 있어 국제사회에서 우리나라에 대한 부정적 이미지가 고착화되는 것은 아닌지 우려되는 상황이다.

　　사실 국제투명성기구(TI)에서 발표하는 부패인식지수는 전적으로 사람들의 인식만을 조사한 것이어서 현실의 부패실태를 제대로 반영하지 못한다는 일각의 비판도 있지만, 우리나라의 대외 신인도에 적지 않은 영향을 미치는 요소임에는 틀림없다. 청렴수준이 낮은 나라에서 사업을 하면 접대비 등 비공식적 비용이 많이 들기 때문에 외국 투자자들이 투자를 결정할 때 부패인식지수를 중요한 요소로 고려하고 있기 때문이다. 또한 우리나라의 청렴수준이 낮게 평가받는만큼 외국인들 사이에서는 우리나라 물건에 대한 나쁜 이미지가 각인될 수 있어 궁극적으로 경제 전반에 부정적 영향을 미칠 우려가 있다.

우리 국민들의 인식수준

우리나라의 청렴수준에 대한 우리 국민들의 인식과 요구도 대외적인 평가와 크게 다르지 않다. 오히려 어떤 측면에서는 더 냉혹한 평가를 하고 있다. 지난해 7월 동아일보가 실시한 설문조사에서 우리 국민의 67.4%는 우리 사회의 가장 큰 문제로 '뿌리깊은 부패'를 지적하였으며, 국민권익위원회가 연말에 발표한 부패인식도 조사에서도 '우리 사회의 부패수준은 향후에도 현재와 비슷할 것'이라고 응답한 국민이 54.0%에 이른 반면, 앞으로 개선될 것이라는 응답은 24.0%에 불과하였다.

특히, 공직사회에 대한 국민들의 인식은 공공부문에 대한 우리 국민들의 불신이 어느 정도인지 짐작케 한다. 조사 결과 일반국민의 69.4%가 공직사회를 부패하다고 인식하는 것으로 나타났으며, 그 비율이 최근 3년간 계속해서 높아지고 있는 실정이다. 그리고 일반국민뿐 아니라 기업인 외국인은 물론이고 공직자 본인들까지도 공직사회가 부패하다고 응답한 비율이 계속 증가하는 모습을 보이고 있다. 재미있는 현상은 공직사회가 부패하다는 응답 비율이 증가하고 있는 가운데에도 일반국민과 공직자 간의 인식차이는 더 큰 폭으로 벌어지고 있다는 점이다. 앞서 언급한 것처럼 일반국민의 69.4%가 공직사회를 부패한 것으로 바라보는 반면, 공직자들은 단지 5.3%만이 공직사회가 부패하다고 응답하였다. 인식차가 무려 64.1%에 이르고 있는데, 일반국민과 공직자 간에 공직부패를 바라보는 시각차가 얼마나 큰지 절실히 느낄 수 있는 수치이다.

'공직사회가 부패하다' 는 응답 비율(권익위 조사)

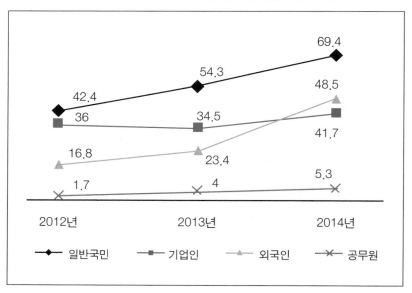

한편, 부패발생의 주된 원인이 무엇이냐는 질문에는 일반국민 (33.6%), 공무원(49.4%), 기업인(36.0%), 외국인(43.0%) 모두 '부 패 유발적 사회문화'를 가장 큰 부패원인으로 꼽았고, 11개 사회분 야별 인식도 조사에서는 '정당·입법'을 가장 부패한 분야로, '시민 단체'를 가장 청렴한 분야로 평가하였다.

부패발생의 주요 원인에 대한 응답 결과(권익위 조사)

(단위 : %)

	일반국민	기업인	전문가	외국인	공무원
부패 유발적인 사회문화	33.6	36.0	46.5	43.0	49.4
개인의 윤리의식 부족	27.9	23.0	25.2	26.5	20.1
불합리한 법·제도·규제	19.6	26.9	14.8	13.3	12.2
고비용 정치구조	17.5	13.6	13.5	14.3	18.1
기타	0.2	0.0	0.0	0.5	0.0
무응답	1.3	0.6	0.0	2.5	0.3

그리고 부패원인 제공자로는 정치인을 선택한 응답이 가장 많은 가운데, 두 번째 부패원인 제공자로 일반국민(24.9%), 기업인 (29.3%), 외국인(25.0%) 모두 고위 공직자를 지목하였다.

부패원인 제공자에 대한 응답 결과(권익위 조사)

(단위 : %)

	일반국민	기업인	전문가	외국인	공무원
정치인	55.8	52.1	50.0	40.8	70.9
고위 공직자	24.9	29.3	23.3	25.0	5.1
기업인	6.1	5.4	9.4	19.8	11.1
일반시민(민원인 포함)	6.7	4.0	8.3	3.8	9.1
중하위 공직자	2.9	6.6	4.8	7.3	0.4
기타	1.3	0.6	3.5	1.5	1.9
무응답	2.3	2.0	0.8	2.0	1.5

부패로 인한 손실

부패를 의미하는 영어 단어인 corruption의 어원은 '함께'를 의미하는 'cor'와 '파멸하다'는 의미의 'ruptus'를 합친 말이다. 즉, 부패는 '함께 파멸한다'는 의미를 내포하고 있는데, 그만큼 부패는 국가 사회에 많은 손실을 초래한다. 아시아개발은행(ADB)에 따르면 부패로 인한 손실은 전 세계 총 GDP의 17%에 달한다고 하는데, 이는 전 세계 모든 국가들의 사회복지, 학교교육, 국민의료 예산을 합친 것(19%)과 비슷한 수준이다. 만약 부패가 없다면 현재 전 세계 모든 사람들이 누리고 있는 사회복지, 교육, 의료서비스의 2배를 추가적인 비용 없이 공급할 수 있다는 의미인 것이다. 또한,

KDI 연구에 의하면 부패인식지수가 OECD 평균인 70점대를 유지할 경우 국내경제성장률이 1.4% 추가 상승할 수 있다고 한다. 그러나 우리나라 부패인식지수는 10여 년간 제자리걸음을 하고 있다. 부패로 인해 이러한 경제적 손실이 발생하는 이유는 부패가 △기업투자를 위축시킬 뿐 아니라 △탈세를 조장하여 누수되는 재정이 증가하고 △공공재정의 효율적 집행을 왜곡시키기 때문이라는 것이 학자들의 공통된 견해이다.

그러나, 부패로 인한 손실 중에는 돈으로 계산할 수 없는 것들이 더 많다. 부패가 만연하면 국민들 사이에 '법과 원칙을 지키는 사람이 오히려 손해를 본다'는 인식이 확산되어 사회통합이 저해되고, 민주주의 국가에서 정부 정책은 국민들의 신뢰와 지지가 있어야 제대로 추진할 수 있는데, 부패가 만연되어 정부에 대한 신뢰도가 낮은 상황에서는 아무리 좋은 정책을 개발해도 국민들을 설득하기가 쉽지 않다. 그리고 기업의 입장에서도 기술개발을 통해 좋은 제품을 만들거나 생산비용을 낮추기보다는 부정한 청탁이나 뇌물을 통해 이익을 얻는 것이 더 쉬운 방법이기 때문에 시장이 왜곡되고 장기적으로 기업의 국제경쟁력이 저하되는 문제가 발생하게 된다.

요컨대, 부패는 눈에 보이는 경제적 손실도 초래하지만 사회 전반에 불신을 초래하고 정부 정책의 효율적 추진을 가로막음으로써 비록 돈으로 계산하기는 어렵지만 그 어떤 것보다 중요한 '신뢰'라는 사회적 가치를 손상시킨다. 경제적 손실은 언젠가 다시 회복할 수 있지만 한 번 손상된 신뢰는 다시 회복하기 쉽지 않다는 점에서 부패가 우리 사회에 얼마나 큰 부작용을 초래하고 있는지 다시 한 번 상기해 볼 필요가 있다. 미국의 프랜시스 후쿠야마 교수도 '사회적인 신뢰수준이 낮을수록 사회적으로 지불해야 할 비용이 커진다'고 그의 저서 'Trust'에서 지적하고 있다. 한국의 사회적 자본은 일본의 1/3, 불·미·독일의 1/4 수준으로 평가한 보고서도 있다.

끊임없는 부패 발생의 원인

사후적 적발·처벌 중심의 대응

부패문제에 대한 대응은 크게 두 가지로 구분할 수 있다. 어떻게 하면 부패 발생을 사전에 방지할 수 있을지 고민하여 예방시스템을 강화하는 것이 하나이고, 일단 발생한 부패에 대해 예외없는 강력한 처벌을 하는 것이 다른 하나이다. 이 두 가지 대응방안은 동전의 양면과 같아서 어느 하나만으로는 부패를 효과적으로 통제할 수 없다. 부패문제에 대한 정책적 대응은 이 두 가지 요소를 적절히 조화시키는 방안에 대한 고민에서 시작되어야 한다.

그런데 지금까지 우리나라의 부패방지 정책은 예방보다는 사후 적발·처벌에 치우진 경향이 있다. 물론 감사원, 검찰, 경찰 등의 사정기관이 수사와 감찰활동을 강화하여 부패공직자를 적발하고 부패행위에 대한 책임을 물어 강력한 징계와 형사처벌을 하는 것은 부패방지 정책에서 중요한 부분을 차지한다. 다만 부패공직자에 대한 처벌은 처벌 그 자체에서 끝나고, 그러한 문제가 발생한 근원적인 원인을 찾아 개선방안을 찾는 것까지 연계되지 못한다는 점에서 부패방지 대책으로서의 한계가 있다. 우리가 언론을 통해 하루가 멀다하고 접하게 되는 여러 가지 부패문제들은 과거에도 지속적으로 발생했던 것들이 대부분이다. 금품이나 고가의 선물수수, 공금횡령, 유흥주점에서의 접대, 이른바 '갑질'을 통한 리베이트 등 10년 전이나 20년 전, 혹은 그보다 훨씬 이전부터 발생했던 부패가 지금도 발생하고 있다는 것인데, 이는 부패에 대한 처벌이 근본원인에 대한 개선으로 이어지지 못했다는 것을 반증하는 것이다. 부패척결을 위해 적발과 처벌을 강화하는 것은 반드시 필요한 일이기는 하지만 일단 부패가 발생하면 그것이 공공부문에서 발생한 것이든 민간부문에서 발생한 것이든 사회적 신뢰에는 커다란 금이 가게 된다. 따라서 다시는 같은 부패가 재발하지 않도록 부패를 예방할 수 있는 제대로 된 제도와 시스템을 갖추는 것이 중요한데, 지금까지 그러한 노력이 부족했던 것이 아닌가 생각된다.

은밀화·고도화되는 부패에 대한 통제장치 미흡

'그랜저 검사', '벤츠 여검사' 등 고위 공직자에 대한 이른바 스폰서 문제가 우리 사회에 큰 파장을 일으킨 바 있다. 그런데, 공직자에 대한 스폰서 문화가 도덕적으로 큰 비난의 대상이 됨에도 불구하고 법적으로 책임을 진 사례는 거의 없다. 공직자가 금품을 수수하는 때에도 직무관련성과 대가성이 없는 경우에는 '형법'을 비롯해 현재 시행되고 있는 어떤 법률을 적용하더라도 그 죄를 묻기가 쉽지 않기 때문이다. 요컨대, 학연, 지연 등 각종 연고와 관련되는 '스폰서' 문화에 적극적 대응이 필요하였지만, 통제할 수 있는 방안이 마땅치 않았다.

물론 연고·온정주의로 인한 알선·청탁 관행과 스폰서 문화에 기반한 접대문화가 부패의 주요 원인이라는 인식하에 새로운 통제장치를 마련하기 위한 노력은 계속되어 왔다. 그 결실이 지난 3월 국회를 통과한 '부정청탁 및 금품 등 수수의 금지에 관한 법률', 이른바 '김영란법'으로 더 잘 알려져 있는 법률이 그것이다. 그러나 법의 테두리를 교묘하게 피해서 이루어지는 다양한 부패행위를 효과적으로 규제하기 위해서는 좀더 촘촘한 제도의 그물을 짜야 한다. 공직자의 가족·친족과 관련 있는 업체와 사실상의 수의계약을 맺는다거나 직무관련 업체를 친구 명의로 설립한 후 일감을 몰아주는 사례가 발생하더라도 현재의 제도 하에서는 여전히 규제하기 어려운 것이 현실이다. 이처럼 부패행위의 잠재성을 지닌 이해충돌의 효과적인 관리장치가 아직도 미흡하다는 것은 우리 사회의 부패문제를 다루는 데 있어 여전히 중요한 쟁점이다.

민간부패에 대한 통제 미흡

그간의 반부패 대책과 활동은 민간분야보다는 공직사회에 치중된 측면이 강하다. 기업 등 민간분야 부패에 대한 개선의 노력이 상당히 저조한 것이 우리의 현실이다. 홍콩에 있는 기업 자문 컨설팅기관인 정치경제위험자문공사(PERC)는 매년 아시아 주요 국가의 부패수준을 평가하여 발표하고 있는데, 2015년도 평가에서 우리나라는 아시아 16개국 중 9위 수준에 머무르고 있다. 싱가포르, 홍콩, 일본은 물론이고 말레이시아보다 낮은 평가를 받고 있다. 특히 우리나라의 대기업은 정부와의 친화적 관계 유지가 투명성 제고보다 중요하다고 인식하고 있다면서 우려 섞인 논평을 발표하기도 하였다. 최근들어 재벌총수들이 여러 가지 불법과 비위로 재판을 받거나 형을 살고 있는 경우가 많은데, 이로 인하여 재벌과 대기업에 대한 국민의 부정적인 인식은 더욱 확산되어 기업환경이 더욱 나빠지고 있다는 것이 현실이다.

부패문제는 공공부문과 민간부문을 가리지 않고 발생하고 있지만, 우리나라의 반부패 기본법이라고 할 수 있는 '부패방지권익위법'은 공직자에게만 적용될 뿐 민간부문에는 적용되지 않는다. 민간부문의 부패가 점차 은밀화·전문화되고 보조금 횡령 등이 빈발하고 있음에도 반부패 관계기관의 관리·감독은 법적 권한 문제 때문에 곤란을 겪고 있는 것이다.

부패는 공공과 민간부문이 상호 연계되어 발생하는 경우가 많고 민간부문이 부패의 공급원으로 작용하는 경우도 다수이기 때문에 지금처럼 민간부패에 대한 적절한 예방이나 통제가 없으면 그로 인한 국가경제의 손실은 결과적으로 국민 부담으로 작용할 수 밖에 없다.

작은 부패에 대한 문제의식 결여

부패발생의 가장 큰 원인 중의 하나는 사소한 부패에 대한 문제의식 결여이다. 출장비 부당청구, 업무추진비 사적 사용, 전관예우, 촌지, 과도한 선물 등은 모두 부패행위임에도 불구하고 관행적으로 행해지던 것이라 문제되지 않는다는 생각이 강하고, 적발되는 경우에도 부패행위라는 인식이 희박하기 때문에 억울해하는 경향이 강하다. 그렇기 때문에 동일한 문제가 시간이 흘러도 다시 반복되는 악순환에서 벗어나지 못하는 것이다.

공직사회를 비롯한 우리 사회 전반에 사소한 부패가 관행화되어 있는데, 듀크대학 행동경제학 교수인 댄 애리얼리(Dan Ariely)는 그의 저서에서 '사소한 부패행위가 관행화되는 경우, 사회적 비용의 총합은 소수 사람들에 의한 거대부패보다 크다'고 주장한 바 있다. 즉, 관행화된 사소한 부패는 사회 전반에 널리 퍼져 있어 이로 인한 사회적 손실이 거대부패보다 심각하다는 것이다.

우리 사회에는 업무 수행과정에서 작은 선물이나 식사접대는 큰 문제가 되지 않는다는 인식이 아직도 많이 남아 있는데, 작은 부패가 반복되고 쌓이다 보면 나중에는 큰 부패로 이어지게 된다. 영어 단어 'GIFT'가 선물 또는 재능이라는 의미를 가지고 있다는 것은 모두 다 알고 있겠지만, 독일어에도 'GIFT'라는 단어가 있다. 그런데 독일어 'GIFT'는 선물이라는 의미 외에도 '독약'이라는 뜻도 동시에 가지고 있는데, 이것은 작은 선물이 언젠가는 자신을 해치는 치명적인 독이 될 수 있다는 의미를 내포하는 것으로, 오늘날 한국 사회에 시사하는 바가 크다고 생각된다.

몇가지 사례를 살펴보면, 모 교육청 장학사와 모 고교 교감이 공모하여 업무추진비 목적 외의 용도로 법인카드를 이용하여 선물을 구입하고 업무관계자에게 제공한 경우, 지방의회의원이 상수도 사업소장에게 개인적 용도로 사용할 목적으로 보도블록 반출을 부당 청탁하여 이를 다른 사업자에게 건네주고 50만원을 수수한 경우, 군 시설관리공단 이사장이 지인에게 무료로 공영주차장 주차권을 장기간 공여한 경우, 공무원 개인차량에 방역작업용 휘발유를 주유한 경우 등이 그것이다. 이러한 부패들은 어찌 보면 작은 것일 수도 있지만 작은 부패를 너무 가볍게 생각하는 것이 오늘날 한국 사회에 어떤 영향을 미치고 있는지 한번 쯤 깊이 있게 짚어 볼 문제이다.

우리 사회의 청렴성·투명성 제고 방안

부패문제에 대한 인식의 전환

　부패문제를 이기심, 탐욕, 연고·온정주의 등 인간이 본래부터 가지고 있는 속성 때문에 어쩔 수 없다고 생각하는 사람도 많다. 인간의 본성에 대한 논쟁은 성선설, 성악설 이래 지금까지도 계속되고 있다. 그러나 부패에 대한 확실한 방지책은 부패를 잘못된 통제의 결과로 보는 데서 출발해야 한다. World Bank는 "부패는 잘못된 통제의 결과물이다"(Corruption is the result of bad governance)라고 하였다. 정부와 사회가 부패문제에 대해 확실히 통제한다면 그 발생을 크게 줄이거나 없앨 수 있다는 것이다. 이를 뒷받침하는 부패통제의 공식도 아래와 같이 연구 발표된 바 있다.

$$*Corruption \text{ (부패)} = (Monopoly \text{ 독점} + Discretion \text{ 재량}) - (Accountability \text{ 책임성} + Integrity \text{ 청렴성} + Transparency \text{ 투명성})$$

　즉, 부패는 독점과 재량으로 발생되는데 책임성과 청렴성, 투명성이 이를 감소시킬 수 있다는 것이다. 또한 부패로 얻을 이익보다 적발 가능성, 처벌의 확실성, 처벌의 강도가 더 크다면 인간은 부패를 선택하지 않는다는 합리적 선택이론도 있다.

*합리적 선택이론

부패로 얻는 이익 >, = ,< 적발가능성 × 처벌의 확실성 × 처벌의 강도

이제 우리는 부패는 반드시 통제 가능하다는 인식을 가져야 한다. 부패를 인간 본성의 일부로 보기보다 온 국민이 함께 나서서 철저히 통제하고 실천하면 청렴 선진국가를 만들 수 있다는 절박감과 자신감을 가져야 한다는 말이다.

국가발전 전략으로서 부패방지 정책

부패를 예방하여 우리 사회 전반의 청렴성과 투명성을 제고시키기 위해서는 우선 큰 틀에서 부패방지 정책의 패러다임을 새롭게 전환할 필요가 있다. 그간의 부패행위자 제재 중심의 반부패 정책에서 탈피하고, 부패를 예방하는 것이 곧 국가발전 전략이라는 인식을 가져야 한다. 부패는 투명하고 공정한 경쟁을 저해하고 자원 배분 구조를 왜곡하여 불평등을 심화시킴으로써 장기적으로 성장 잠재력을 훼손한다. 따라서 앞으로의 반부패 활동은 부패를 저지른 사람을 찾아내 처벌하는 일, 즉 단순히 사과 광주리에서 썩은 사과를 골라내는 제재 중심의 정책에 그쳐서는 안 되고 국가 전반의 투명성 제고를 위한 반부패 인프라 확충으로 시선이 옮겨져야 한다. 또한 부패를 단순히 금품수수 공금횡령 등 금전이 오가는 문

제로 한정하거나 윤리의식이 부족한 공직자 개인 차원의 문제로 접근해서는 우리 사회의 부패관행 개선에 성과를 거두기 어렵다. 금전이 오가지 않는 청탁이나 대가성 없는 스폰서 문제를 규제하기 위해 '부정청탁 및 금품 등 수수의 금지에 관한 법률'을 제정한 것처럼 기존의 부패방지 수단에서 벗어나 비정상적 부패 관행이나 폐쇄적 부패 구조를 끊을 수 있는 새로운 반부패 시스템을 지속적으로 갖추어 나가야 한다. 부패문제를 바라보는 시각이 국가발전이라는 거시적 목표와 연계된다면 그에 따른 개선방안도 보다 근원적이고 다양한 시각에서 도출될 수 있을 것이다.

사후적 대책에서 사전 예방시스템으로

우리 사회의 청렴성을 높이기 위해서는 반부패 대책이 사후적 대책 중심에서 사전 예방시스템 중심으로 전환되어야 한다. 부패행위자에 대한 적발·처벌 위주의 대책은 일시적인 부패 억제 효과는 있으나, 근본적인 개선에는 분명한 한계가 있다. 최근의 부패는 우리 사회의 연고주의 문화 등과 연계되어 은밀하고 조직적·구조적인 성격을 띠고 있어 단기적 처방으로는 한계에 직면할 수밖에 없다. 부패유발요인에 대한 체계적인 진단·처방을 통해 반부패 인프라를 확충하고, 부패를 사전에 예방할 수 있는 시스템을 구축하는 데 보다 많은 자원이 투입되어야 한다. 특히 건축, 토목, 경찰, 조세 등 부패취약분야에서 부패를 유발하는 불합리한 제도를 찾아내 근본적으로 개선해야 하고, 불필요한 규제나 정책이 있다면 원점에서부터 재검토해야 함은 물론 각급 기관 차원에서도 자율적인 제도개선 노력을 기울이도록 적절한 유인책을 마련해야 한다.

공공·민간의 종합적인 반부패 시스템 구축

그간의 반부패 정책이 공직자 중심으로 펼쳐졌다면, 앞으로의 반부패 정책은 공공부문과 민간부문을 아우르는 우리 사회 전반의 비정상적인 구조와 관행을 개선하는 방향으로 전개되어야 한다. 앞서 언급한 것처럼 부패는 공공과 민간부문이 상호 연계되어 발생하는 경우가 많기 때문에 민간부문에서 발생하는 부패 공급요인을 적절히 통제하지 못한다면 공직사회의 부패문제도 해결이 요원해진다. 특히 최근에는 보조금 횡령 등 민간에 의한 공공재정 누수가 크게 늘고 있어 민간부문을 포함한 종합적인 반부패 대책의 필요성이 나날이 커지고 있다. 또한 공공 - 민간을 종합적으로 규제하는 반부패 노력만큼이나 기관 간 협업을 통한 공동 대응 역시 중요하다. 개별 기관 차원의 반부패 활동은 소위 관피아와 같은 폐쇄적인 구조에 의한 부패문제 해결에 한계가 있기 때문에 기관간 협업을 통해 우수사례는 확산하고, 취약분야는 공동 대응하여 반부패 활동의 시너지 효과가 증대되도록 해야 한다.

반부패 청렴문화 확산

우리 사회가 보다 청렴해지기 위해서는 앞서 언급했던 법이나 제도를 갖추는 노력과 함께 사회 전반의 의식과 문화를 바꿀 수 있는 정책도 병행되어야 한다. 사회 구성원 모두가 청렴을 생활화하고 잘못된 관행을 개선하겠다는 의지가 강할수록 법과 제도가 조기에 정착될 수 있고 그만큼 부패예방의 효과도 높아질 것이기 때문이다. 우리 사회에 청렴문화가 뿌리내리기 위해서는 무엇보다 고위 공직자를 비롯한 사회지도층의 솔선수범과 청렴리더십이 중요하다. '윗물이 맑으면 아랫물도 맑다'는 속담은 바로 이를 두고 한 말이다. 정치, 경제, 사회, 문화 등 모든 분야의 지도층이 청렴해지면 자연히 우리 사회는 부패 없는, 부패가 크게 줄어든 청렴 선진국가가 될 것이다. 아울러 공직자와 공직 유관단체 종사자 외에도 민간기업 누구나 매년 일정 시간 이상의 청렴교육을 이수하도록 의무화하고 생애주기별 청렴교육 이수제도를 도입하여 신규 임용 승진 고위직 진입 등의 과정에서 단계별 청렴교육을 강화함으로써 우리 사회에 청렴문화가 자리잡도록 해야 한다. 특히 민간부문에 대해서도 청렴이 생활 속에서 실천될 수 있도록 청렴교육 대상을 초·중·고등학생, 기업인, 일반국민 등으로 다변화할 필요가 있고, 이를 위해 시민단체 등과의 협력을 강화하여 우리 사회 전반에 반부패·청렴문화가 확산되는 기반과 전달체계를 구축해야 한다.

04

공기업 개혁의 난관과 돌파

이도형

| 학력 |
• 한국외국어대학교 불어과 졸업
• 프랑스 국제행정대학원(I.I.A,P) 졸업

| 경력 및 활동사항 |
• 주프랑스 대사관 공사
• 국가정보원 해외정보국장
• 한국해양수산개발원 자문위원
• 우송대학교 교수(국제경영학)
• (현)강원랜드 감사실장

| 저서 및 논문 |
• 국가정보기관, 무엇이 문제인가(번역서, 2010, 도서출판 오래)
• 해양에서 미래를 찾자(2012.3)

공기업 개혁의 난관과 돌파

왜 공기업 개혁인가?

공기업이란 국가의 공공성 또는 공공목적을 위해 운영되는, 국가가 전부 또는 일부를 소유하고 있는 조직으로서 기업의 형태를 갖고 있는 조직을 의미한다. 말하자면 국가가 필요로 하는 공적인 기능, 크게는 안보에서부터 작게는 수도 전력 교통에 이르기까지의 공적기능을 수행하기 위한 조직인데, 이 조직의 소유권을 국가 즉 중앙정부 또는 지자체가 갖고 있는 경우를 흔히 공기업이라 지칭한다. 물론 우리나라에서는 기획재정부의 '공공기관 운영에 관한 법률' 제 5조에 따라 전체 공공기관을 공기업 준정부기관 기타 공공기관으로 구분하여 세부 사항들을 정리하고 있고 그에 따라 30개의 공공기관이 공기업으로 분류되어 있으나 실제는 이보다 훨씬 많은 숫자의 실질적으로 공공이익을 위해 기업활동을 하고 있는 기관들이 준정부 기관(86개)이나 기타공공기관(200개)에 포함되어 있다. 또한 공기업이 우리나라 경제에서 차지하는 비중을 살펴보면, 30개 공기업의 매출 합산 금액은 2013년 말 기준 약 153조 원으로 같은 해 우리나라 GDP(1,429조 원) 대비 10.7 %를 점유하고 있는 수준이니, 공기업의 경제적 비중이 얼마나 큰 지 짐작할 수 있을 것이다.

우선 공기업 개혁을 논하기 앞서 우리나라 공기업의 역사를 간략하게 살펴보자. 사실 공기업이 의미를 갖게 된 것은 조선말기에서부터 일제 강점기시대에 걸쳐 시작되었다고 볼 수 있다. 당시로서는 국가목적상 반드시 필요한 철광 석탄 금광 등과 함께 실생활에 반드시 필요한 소금산업 등이 공기업의 형태로 유지되어 왔으며, 이후 해방을 맞아 5·16 혁명 전까지 석탄 철광 등의 국가자원과 전기 도로 등 기본 인프라 구축을 위한 부분에서 근대국가의 공기업 형태가 시작되었다. 말하자면 이 시기는 기초국가자원개발기라고 할 수 있다. 이후 박정희 정권의 제3공화국 하에서는 소위 국가경제개발수행기로서 국가개발 산업근대화 무역진흥의 차원에서 국가경제정책의 선도적 역할을 일부분 담당해 오면서 공기업들의 규모가 커지고 분야가 다양해지기 시작하였다. 이후 제5공화국을 거쳐 김영삼 정권에 이르기까지는 세계적인 경제흐름에 따라 공기업이 사업분야와 규모를 조정하는 시기를 거치게 되었고, 그 규모와 분야가 커지면서 필연적으로 경영의 방만함과 비리의 확대현상을 겪게 되었다.

이 과정에서 크고 작은 조정과 '개혁'조치가 이루어져 왔으나 본격적으로 공기업의 개혁문제가 정권의 화두로 떠오르기 시작한 것은 김대중 정권에서 부터이다. 97년 금융위기를 해결하기 위해 IMF와 협의하는 과정에서 IMF측에서 강력하게 요청한 공기업의 구조조정을 받아들여 어쩔수 없는 공기업의 민영화가 추진되었는데, 이것이 실질적으로 우리나라 공기업 개혁의 시발점이 되었다고 볼 수 있다. 이후 모든 정권들 아니 거의 모든 대통령후보자들이 공기업의 개혁을 선거의 주요한 캐치프레이즈로 걸고 나왔으며 노무현 정권에서부터 이명박 정부와 현 박근혜 정부에 이르기까지 모든 정권이 전 정권보다는 보다 차별화된 공기업 개혁정책을 발표하였지만, 아직도 이 문제는 미결상태로 현재진행형으로 남아 있다. 이것은 그만큼 공기업이 갖는 정치적 경제적 의미가 크기 때문이다. 이러한 현상은 우리나라만이 아니며 미국 일본 유럽 등 선진국들도 공기업문제를 중요한 국정 Agenda 중의 하나로 다루고 있다.

공기업은 공공목적을 위해 기업활동을 하는 조직인만큼 공공성과 함께 기업성을 모두 요구받는다. 말하자면 공공성을 목적으로 하면서 수익성과 성장률을 함께 유지해야 하는 기업이다. 사실 두 가지의 목표를 공존시키기가 쉽지 않지만 현실은 그렇다. 정권에 따라서 공공성을 중시하는 정권도, 또 기업성을 우선시하는 정권도 있었던 까닭에 그때 그때 정권이 방점을 어디에 찍느냐에 따라 공기업 운영정책은 조금씩 달라져 왔고, 그것을 개혁정책의 일환으로 포장해 온 것도 사실이다. 보다 중요한 것은 앞서 얘기한 것처럼 공기업이 우리나라 국가경제에서 차지하는 비중이 그만큼 컸고, 이처럼 큰 비중을 차지하는 기업들이 중앙정부 또는 지자체와 연결이 되어 점점 비대해졌고, 매출실적이나 성과의 증대와 함께 부채도 대폭 확대되었다는 점이다. 그래서 어느 때부터인가 공기업은 부채의 공룡, 방만경영의 집합체로 자리매김하여 왔다. 그러다 보니 국민들 사이에서는 비판적 시각과 함께 다른 한편으로는 "신의 직장"으로 여겨지면서 부러움과 질시의 대상이 되어 버렸다. 이와 같은 상황은 결국 공기업에 대한 정치권과 국민의 불신을 키워왔고, 따라서 기회가 있을 때마다 특히 선거가 있거나 새로운 정부가 출범할 때마다 공기업의 개혁은 개혁캠페인의 단골메뉴가 되어버렸다.

우리나라 공기업 제도의 현실과 문제점

그간 각 정권에서 추진해온 개혁조치의 결과로 현재 우리나라의 공기업 제도는 외관상으로 볼 때는 전반적으로 형태와 법적 제도의 측면에서 많이 정비되었으며, 따라서 공기업 관리체제는 어느 정도 갖추고 있다고 평가된다. 노무현 정권에서 제정한 '공공기관 운영에 관한 법'(이하 공운법)에 의해 설치된 '공공기관운영위원회'(이하 공운위)가 공기업을 포함한 공공기관의 선정과 운영전반에 관해 협의하고 의결하는 것으로 되어 있다. 또한 실질적으로 이 공운위를 운영하는 기획재정부(기획재정부장관이 위원장이다)가 공기업의 설립 및 공공기관 유형의 재조정권을 갖고 공공기관의 경영목표 설정 및 경영공시 등을 관리 감독하고 있으며, 이 공운위에 산업자원부나 국토교통부 등 주무부처 차관을 당연직으로 참여케 하여 공기업의 사업방향과 목표 성과평가에 대한 권한과 영향력을 행사하도록 하고 있다. 그리고 공공기관 316개를 공기업 준정부기관 기타 공공기관으로 구분하여 나름의 선정기준과 그에 따른 별도의 관리지침을 차별화하여 운영하고 있다. 따라서 법적 측면이나 제도적 측면에서 공기업 운영에 관한 체제는 어느 정도 갖춰져 있다고 평가된다. 그럼에도 불구하고 왜 공기업 개혁의 문제가 꾸준히 거론되는 것일까? 흔히들 공기업의 문제는 세 가지라고 얘기한다. 과잉부채, 과잉복지, 과잉업무(기능)가 그것이다. 물론 이

같은 문제를 해결하기 위하여 위와 같은 관리체계를 정비하고 있지만 말이다.

먼저, 과잉부채 문제부터 보자. 우리나라의 재정부채는 34%로 OECD국가에서는 양호한 편에 속한다고 자평하고 있다. 그러나 실제로 한 발 더 들어가 보면 여기에서 공공기관 나아가서 공기업의 부채는 빠져 있다. 우리나라 GDP의 11%를 차지하는 30개 공기업의 부채비율만 보더라도 193.4 %이다. 2010년에서 2012년 사이 영국(414.1%), 프랑스(512.7%), 독일(274.9%), 스웨덴(336.8%)에 이어 5위의 공기업 부채과다 국가이다. 이를 재정부채율에 환산하여 넣게 되면 얘기는 달라지게 되는 것이다. 그러면, 공기업의 부채율이 왜 이렇게 높은 것일까? 흔히 얘기하는 방만경영 때문일까? 물론 방만경영의 탓도 있겠지만 다른 선진국과 달리 국가(정부)의 정책대행기능을 하고 있는 우리 공기업으로서는 정부의 요구에 따라 수익성 고려없이 정부대행사업을 진행하게 되고 그 결과물로 공기업의 부채는 늘어나게 되는 것이다. 예컨대 2010~2012년 사이 우리 공기업의 부채비율이 대폭 증가되었는데 이는 이명박 정권 시절의 보금자리 사업, 4대강 사업 등 국책사업추진으로 한국토지공사와 수자원공사의 부채가 큰 폭으로 늘어나게 된 데 기인한다.

둘째, 과잉복지의 문제이다. 원래 공기업의 복지수준은 한창 국가경제개발이 진행중이던 1970년대, 1980년대 중반까지만 해도 일반 민간 대기업과 비교하여 높은 편은 아니었다. 그러나 이후 국가개발과 무역진흥의 한 축을 공기업들이 담당하면서 임금과 복지수준이 상승하여 지금은 신분보장의 매력과 함께 복지수준까지 높은 모두가 부러워하는 '신의 직장'이 되었다. 물론 직원들의 복지수준이 높은 것이 잘못된 일은 아니다. 공기업도 구성원인 직원들의 생활안정과 복지증진을 통해 애사심과 근로의욕을 고취시킬 수 있다는 점에서 어느 정도 복지수준이 높은 것은 당연한 것이고 바람직한 것이다. 그러나 그 내부를 들여다 보면 이건 좀 문제가 있다는 생각이 든다. 어느 기업도 직원의 복지수준을 회사의 수익구조에 아랑곳하지 않고 올리지는 않는다. 앞서 본 바와 같은 과다한 부채와 열악한 수익구조를 갖고 있으면서도 복지수준만 높인다면, 일반적인 상황으로서는 그 기업은 기업으로서 존재하기 어렵다. 그런데 일부 공기업에서는 이런 일이 벌어지고 있고 지금도 직원을 대표하는 노조는 이를 요구하고 있다. 그리고 임금과 복지혜택이 올라가는 과정을 살펴보면, 모든 기업에 해당된다고 할 수는 없지만, 거의 일률적인 패턴이 있다. 먼저 공기업의 장으로 정치권에서 임명하는 인사가 내려온다. 흔히 낙하산 인사라고 하는 것이다. 그러면 안에 있던 노조는 이에 반발하여 기관장의 출근을 저지하고 강경시위를 강행하며 기관장 임명철회나 사퇴를 요구하는 실력행사를 전개한다. 그러면 새로이 임명된 기관장은 언론에 관련기사들이 나는 것도 싫고 임명해준 정치권이나 부처로부터 조직 장악력이 없다는 평가를 받기 싫어 노조와 이면협상을 개시한다. 그러면 노조에서는 그간 목표했던 복지혜택을 요구하고 신임 기관장이 이를 수용하면서 일단의 사태는 진정이 되지만 기업의 사정을 고려치 않은 복지혜택은 또 하나 추가되고 만다. 이것이 많은 공기업들의 과잉복지가 만들어진 보편적인 패턴이다.

셋째, 과잉기능(업무)의 문제이다. 과거 국가경제개발정책의 한 축을 담당했던 전력의 산물이든 아니면 공기업 자신들의 먹거리 창출의 일환이든 공기업들은 자신들의 사업 활동 분야를 확대시켜 왔다. 물론 그간 수차의 개혁과정에서 일부 감축 또는 합병 등 구조조정이 이루어져온 적도 있다. 또한 김대중 정권하에서 IMF의 요구에 따라 많은 부분들이 민영화되기도 하였다. 그러나 아직도 공기업에서 민간부분이 소화해야 할 부분(예를 들면 토지공사의 아파트분양)이나 아니면 전혀 관련성 없는 분야에 진입을 검토(한전의 호텔, 쇼핑몰 사업)하는 등 업무영역의 확대를 꾀하다 보니, 규모는 커지고 경험 없는 분야에서 사업적 실수와 비리의 양산 등으로 사업성은 더욱 떨어지는 현상을 보였다. 이 현상은 앞의 두 가지 문제인 과잉부채와 과잉복지문제를 자체적으로 해결해 보겠다는 내부욕구와 기관 경영평가에 따른 압박의 결과로 보이는 측면도 있다. 이상과 같이, 현재 우리의 공기업 실태는 형태적인 측면에서는 어느 정도 유효한 관리체계를 갖추고 있으나, 이 관리체계로 해결해야 할 과잉부채, 과잉복지, 과잉기능의 문제는 여전히 숙제로 남아있는 현실이다.

공기업 개혁의 난관

공기업을 개혁하는 데는 여러 가지 난관과 문제점들이 있다. 따라서 이를 어떻게 돌파해 내느냐가 개혁 성공의 관건이다. 현재 우리 공기업들이 과잉부채, 과잉복지, 과잉기능이라는 문제점을 이대로 방치할 수 없는 상황에 이르게 된 데는 여러 가지 복합적인 요인들이 있다. 물론 공기업의 정부 시책성 사업 발주, 노조의 과다한 복지요구와 경영진의 선심성 정책 남발, 그리고 수익성과 자기밥그릇 챙기기 차원의 과도한 업무영역 확대 등이 그 주된 원인이기는 하나, 그 이면에는 공기업을 에워싼 세 가지 요소, 즉 '철의 트라이앵글'이라 불리는 정권(관료집단), 정치인, 노조 이 세 요소의 극단적 이기주의에서 비롯된 것으로 보인다(간혹 어떤 공기업의 경우에는 지역이기주의라는 요소도 이에 포함된다).

정권은 선거에서 이기는 순간부터 공기업을 선거승리의 전리품으로 여긴다. 그리고 역량과 자질을 생각하지 않고 캠프인물들로 공기업의 기관장을 임명하고 자신의 입맛에 맞는 인물들을 내려

보낸다. 또한 공공기관의 운영책임을 맡고 있는 기재부나 주무부처의 관료들도 자신들의 정책대행이나 혹은 자신들의 추후 보직 인사관리 차원에서 공기업을 관리한다. 사정이 이러하니 임명된 기관장이나 임원은 자신을 임명해 준 정권과 관리부처의 눈치를 살피는 데 급급하여 소신 있는 경영을 하지 못하게 되는 것이다. 또한 국회의원을 비롯한 정치인들은 공기업을 자신의 영향력 범위에 넣거나 정치활동의 수단으로서 이용하려 한다. 그리하여 수시로 각종 민원성 청탁을 하거나 인사개입을 시도한다. 공기업의 노조도 마찬가지다. 공기업의 노조는 기업의 미래 발전보다는 근시안적인 금전과 복지혜택에 집착하여 쟁의와 시위를 반복한다. 결과적으로 국민 모두의 기업이어야 할 공기업에는 어느 누구도 진정한 의미의 주인이 없고 책임지는 사람도 없으며 그때 그때 이용당하는 대상이 되어 왔던 것이 현실이다.

난관의 돌파

그렇다면 이같은 난관을 어떻게 돌파할 것인가? 먼저 개혁을 하려면 이에 상응하는 대가를 치러야 한다는 사실을 직시해야 한다. 지금까지의 역사로 볼 때 희생없는 개혁이란 없었다. 공기업의 개혁도 마찬가지다. 누군가는 희생되어야 하고 누군가는 손해를 감수해야 개혁이 이루어질 수 있다. 그러면, 공기업 개혁을 위한 피와 땀을 누가 흘릴 것인가? 여기에 대한 답은 앞서 언급한 공기업을 에워싼 '철의 트라이앵글', 즉 정권(관료집단), 정치인, 노조가 지금까지의 극단의 이기심을 버리고 기득권을 포기하는 데서 출발해야 한다는 것이다. 정권은 공기업을 선거승리의 부산물로 생각하지 말고 국가와 국민의 공공이익을 위해서 지속성장 가능하도록 운영해야 할 대상으로 생각하고 관리해 나가면 된다. 정치인은 공기업을 자신의 정치활동 수단 또는 민원해결의 대상으로 생각해서는 안 된다. 공기업은 국민 모두의 공공이익을 위해 활동해야 하는 조직으로 간주하고 공기업의 잘못된 부분의 시정과 필요한 부분의 지원에 골몰하면 된다. 노조는 공기업을 자신들의 현재의 직장일 뿐 아니라 장래에도 자신들 및 후손들의 일터가 될 것이라는 생각을 전제하고 공공이익을 우선하면서 노조로서의 본분을 지키면 된다.

말은 쉽다. 하지만 현실에서는 그렇게 녹록지 않다. '철의 트라이앵글의 속성'을 보면 그렇게 쉽게 기득권 포기가 될 것 같지 않다. 그래서 개혁의 시동을 걸기 위해서는 누군가가 먼저 자신이 살신성인의 자세로 피와 땀을 흘릴 생각을 해야 한다. 그런 측면에서는 누구보다도 우선 통치권자의 통 큰 기득권 포기가 선행되어야 한다. 그리고 그 기득권 포기의 첫 단추는 공공 기관장 인사에서부터 시작되어야 한다. 아무리 체제와 제도를 정비한다 해도 그것을 운영하는 것은 결국 사람이기 때문에 인사문제가 해결되지 않으면 연쇄적인 정실인사의 고리를 끊을 수 없다. 기관장 인사의 방법과 절차는 그 다음의 문제이다. 임원추천위원회도 좋고 공공기관장 인사추천위원회도 좋다. 꼭 자기 사람만이 아닌, 꼭 정치적으로 빚진 사람만이 아닌, 정말 그 자리에 필요한 인물을 공정하고 투명한 방법으로 선정해야 한다. 기관장 인사 선정을 위한 덕목으로는 청렴성, 공정성, 글로벌 경영 마인드, 리더십 등을 점검하되 특히 중점적으로 따져 봐야 할 부분은 청렴성이다. 청렴성이 담보되지 못하면 모든 부분에서 자유롭지 못하고, 그러다 보면 개혁의 의지는 사라지고 눈치보기 - 청탁 - 비리의 악순환의 고리가 다시 이어지게 된다. 청렴성의 덕목을 갖추고 조건에 맞는 인물이라면 이른바 낙하산 인사면 어떤가? 그간 내부에서 발탁한 기관장 가운데도 무능하고 오히려 더욱 심하게 눈치보기와 비리로 얼룩진 인사가 수없이 많았던 것이 사실이지 않은가.

청렴하고 소신있는, 글로벌 감각과 리더십이 있는 기관장을 선임하면 그 기관장에게 책임과 함께 권한을 부여하여 임원을 비롯한 내부직원 인사를 투명하고 공정한 방법으로 시행토록 하고 개혁작업을 진행할 수 있도록 재량권을 부여해야 한다. 최소한 초기 개혁을 위해서는 그렇다. 이러한 인사조치를 먼저 시행하여 제도

정비와 조직문화를 바꿀 수 있는 기반을 마련해 주는 것이 개혁의 시동을 걸기 위한 전제조건이라고 생각한다.

다음으로 대승적 차원의 이러한 개혁의 전제조건이 충족되었다고 할 때 구체적인 공기업의 개혁을 어떤 방향으로, 어떤 내용으로 추진해야 할 것인가? 결국 그 가이드라인은 선진국들의 모임인 OECD에서 찾아볼 수 있지 않을까 생각한다.

선진국들도 크고 작음의 차이는 있을지언정 공기업 문제로 고민을 해 왔고, OECD는 2005년 4월 '공기업에 대한 효과적인 법령 및 규정확립', '정부의 소유권 행사방식', '주주에 대한 공평한 대우', '이해 관계자와의 관계', '경영 투명성 강화 및 경영공시', '공기업 이사회 권한 강화'등을 주내용으로 한 'OECD 공기업 지배구조 가이드라인'을 발표하였다. 이와 함께 각 회원국들의 사례 등을 비교 발표하였는데 지금 우리의 '공공기관 운영에 관한 법'도 상당히 많은 부분이 이 가이드라인을 참고하여 만들어졌다.

그리고 서두에서 언급한 바와 같이 우리나라의 공기업 관련 형태나 제도상의 구비 수준은 이미 상당부분 정비되어 있으며, 특히 현재 국회에 계류중인 현 정부의 '공기업 개혁법'(공공기관 운영에 관한 법률개정안)이 통과되면 '공공기관 지정을 위한 보다 구체적인 조건 정비', '수익성이 저하된 공기업, 준정부기관에 대한 기재부장관의 해산요청권' 등이 보장되도록 되어 있어 조금 더 개혁적인 방향으로 정비가 되리라 본다. 그러나 이것도 근본적으로 방향을 바꾸기보다는 외과 수술적인 조치에 불과하다고 보이며 좀 더 큰 방향의 개혁조치에는 다음과 같은 내용들이 포함되어야 한다.

첫째, 기존의 공기업을 포함한 전체 공공기관에 대한 전면적인 존치평가를 실시해야 한다. 각 공공기관에 공공기관으로서 잔류해야 할 타당성과 이유가 있는지 면밀히 검토 평가하여 기관 간에 업무가 중복되거나 민간부문에 이양하는 것이 효율성과 서비스의 품질을 향상시킬 수 있다고 평가되는 분야에 대해서는 과감히 해산하거나 민영화조치를 취해야 한다. 특히 시장성이 강한 공기업 부문에서는 적극적으로 민영화를 추진할 필요가 있다. 그러나 이는 정권 중반이 넘어서면 여론의 의식과 노조의 반발 등으로 실행이 어려울 것이다. 집권초기에 면밀한 계획을 세워 전면적으로 실행해야 실현 가능성이 있다고 본다.

둘째, 우리 공공기관의 분류기준을 바꾸어야 한다. 현재 우리나라 공공기관은 공기업과 준정부기관, 기타 공공기관 세 분류로 나누어져 있는데 분류기준이 자체수입규모, 자산규모 등이다. 그러나, 공공기관 가운데는 시장성을 특히 중시해야 하는 '상업적, 공업적'(commercial & industrial) 성격의 공공기관이 있는가 하면,

그야말로 '행정적'(administrative) 성격의 공공기관이 있다. 이와 같은 시장성을 갖는 조직과 행정성이 중시되는 조직은 적용하는 법체계와 조직운영방식, 기관장 선발 및 평가 등의 방법이 달라야 한다. 어떻게 한국표준연구원과 한국전력이나 강원랜드의 운영방침과 평가기준이 동일할 수 있겠는가? 프랑스의 경우는 공공기관을 '공업적, 상업적 성격의 공공기관'(EPIC)과 '행정적 성격의 공공기관'(EPA)으로 나누어 관리하고 있다. 우리도 자산 규모나 수입액 규모에 따른 분류보다 시장성과 공공성의 비중을 따져 적든 크든 간에 시장성이 요구되는 공공기관은 공기업으로 분류하여 운영과 평가기준을 행정적인 공공기관과 완전히 차별화하여야 한다. 아울러 다른 공공기관의 투자지분이 50%를 넘어섰다 하여 그 기업의 성격 등을 고려하지 않고 무조건 공공기관으로 분류하여 관리토록 하고 있는 현 지침은 공공성보다는 시장성이 더 요구되는 기업을 필요 이상으로 통제할 우려가 있다는 점에서 시정되어야 할 사항이라고 생각한다.

셋째, 공기업의 소유권 체제를 독점화하거나 단순화해야 한다. 현재 우리나라는 공운위가 운영되고 있으나 이 공운위는 독립적이지 못하고 실질적으로 기재부가 주도하고 있으며, 또한 소관 주무부처가 감독권한을 갖고 있다. 말하자면 기재부는 경영감독을, 소관부처는 사업감독을 하고 있다고 보면 된다. 여기에 감사원의 감사, 기관장 임명권을 행사하고 있는 청와대까지 포함해서 어떻게 보면 우리 공기업의 소유체제는 분권화되어 있는 형태인데, OECD 는 공기업 소유권의 단순화를 권고하고 있다. 최소한 우리도 시장 상황에 적기에 대응해야 하는 시장형(상업적, 공업적) 공기업에 대해서는 경영감독권과 사업감독권을 일원화하여 줄 필요가 있다. 그리고 정부부처의 경영개입을 최소화한다는 차원에서라도 현재 기재위 산하 위원회 형식으로 운영되는 공운위를 별도의 위원회로 만들어 총리나 대통령 직속의 독립위원회로 운영할 필요가 있다.

넷째, 공기업 기관장에 대한 임기제도와 평가제도를 없애야 한다. 영국 독일 뉴질랜드 스웨덴 등 선진국에는 공기업 기관장 평가가 없다. 특히 시장형 공기업의 경우에는 치밀하고 투명한 선발절차를 거치게 하고, 대신 기관장 평가 등의 제도는 없다. 해당기업에 대한 경영평가와 공시로 기관장의 평가를 대신한다고 보는 것이다. 다만 프랑스는 임명시 정부와 기관장이 성과계약을 맺은 후 실적을 평가하는 체계를 갖고 있다. 매년 기관장을 평가하는 우리 나라의 시스템 하에서는 기관장이 비전을 가지고 중·장기 사업을 추진할 수 없다. 그런 맥락에서 시장형 공기업의 기관장에게는 임기제도를 폐지하여 실적과 경영내용을 감안하여 진퇴를 결정토록 하는 방안도 적극적으로 검토할 필요가 있다.

다섯째, 아주 사소한 문제같기는 하지만 공기업평가 항목에 노조의 파업사태를 마이너스로 평가하는 현 지침을 수정할 필요가 있다. 과거 상당히 많은 공기업에서 파업에 따른 자신들의 기업경영평가 감점을 우려하여 경영방침을 후퇴시킨 사례가 다수 있다. 공기업 기관장들이 자신이 경영하는 기업의 평가점수를 고려하게 되면 결국 노조와 적당히 타협할 수밖에 없으며, 특히 경영평가가 임직원들에 대한 성과급과 연동되어 있는 현 체제 하에서는 더욱 그러하다. 그런 상황에서 공기업의 개혁을 제대로 추진하기는 어렵다.

　　여섯째, 공기업의 자체 감사기능을 강화해야 한다. 개혁의 초기에는 물론이고 개혁이 진행되어도 마찬가지다. 근본적으로 제도와 시스템을 바꾸는 것도 중요하지만 공기업 내 조직문화를 바꾸지 않으면 개혁은 어렵다. 공기업개혁의 초기는 어떻게 보면 쿠데타 초기 정국과 같다. 이러한 상황에서 개혁의 방침과 실천과정을 뒷받침할 수 있는 조직이 필요하며, 이러한 조직의 역할을 내부 감사조직이 수행하여야 한다. 가능한 한 기존 관행과 폐습으로부터 자유로운 일종의 '청년 장교단'과 같은 감사조직을 구성하여 공정하고 효율적인 내부 감사기능을 수행할 수 있어야 하며, 나아가서는 단순한 감사의 기능을 넘어 예방감찰활동과 경영컨설팅을 수행할 수 있도록 업그레이드되어야 한다.

결론적으로 공기업은 사회적 인프라로서 국민들에게 가장 큰 공익적 서비스를 제공하는 조직임에도 사회적으로 불신을 받고 있는 현실을 직시하여 통치권자를 포함한 모든 이해 당사자들이 기득권을 버리고 공기업을 공기업 본연의 목적으로 운영할 수 있도록 할 때 비로소 우리 공기업은 새로운 모습으로 국가와 국민에 필요한 조직이 되어 보답할 것이다.

05

정보의 정치화가
나라를 망친다

안광복

| 학력 |
- 연세대 행정학과 졸업
- 서울대 행정대학원 석사
- 동국대학교 대학원 행정학 박사

| 경력 및 활동사항 |
- 국정원 기조실장
- 연세대 공공문제 연구소 연구교수
- (현)21세기 전략연구원 이사장

| 저서 및 논문 |
- 효과적인 행정정보공개집행의 요인분석
- 안보문제와 관련한 신문컬럼 다수 기고

정보의 정치화가 나라를 망친다

국가정보의 필요성과 우리의 현주소

　일본의 정보학자 오치아이 노부히코는 '정보전쟁'의 승자가 세계를 제패한다고 하였다.[1] 오늘날 세계 각국은 생존을 위해 필사적이다. 그 생존을 보장하는 것이 바로 정보이다. 정보가 국가의 생존조건이라는 사실은 이스라엘이라는 국가가 몇 번이나 증명하고

---

1) 함승희, 이도형 역, 윌리엄 E.오덤 저, 「국가정보기관, 무엇이 문제인가」(서울: 도서출판오래, 2011), p.19.

있다. 정보없이 살아간다는 것은 사자, 늑대, 독사 등이 우글거리는 정글 속에서 맨몸으로 산책하는 것과 다름없다. 그러기에 모든 나라는 이러한 목적 하에 국가정보기관을 운영하고 있고 우리나라에서는 국가정보원(이하 국정원으로 약칭함)이 그 중심 역할을 담당하고 있다. 그러나 국정원을 비롯한 우리나라 정보기관이 과연 제구실을 하고 있는가 하는 질문에는 낙제점이라는 표현까지 나오고 있는 실정이다. 심지어 해외에서조차도 국정원의 개혁이 필요하다는 지적이 나오고 있다. 국제분쟁 연구기관인 국제위기그룹(ICG)은 2014년 8월 발표한 보고서에서 "한국 정보기관은 정보의 실패, 정보의 정치화, 국내정치개입이라는 3대 병리현상에 취약한 구조를 갖고 있다"며 "한국 정보기관은 정치적 중립을 확립하고 적절한 입법, 사법적 감독체제를 갖추기 위한 개혁이 필요하다"고 주장하였다.[2] 해외에서조차 이런 평가를 받는다는 것이 우리로서는 부끄러운 일이 아닐 수 없으나 지적한 내용을 완전히 부인하기도 어려운 것이 현실이다.

국정원에 대한 해킹프로그램 구입 의혹에 대한 검찰수사가 2015년 7월 말에 시작되었다. 박근혜 정부 출범 이후 국정원에 대

---

2) 동아일보, 2014. 8.6일자.

한 검찰수사는 이번이 세 번째다. 2012년 대선기간에 국정원 심리전단은 인터넷에 특정후보를 지지 또는 반대하는 댓글을 달았다. 지지한 특정후보는 여당쪽이었고, 반대한 특정후보는 야당쪽이었다. 이른바 국정원 댓글사건으로 국정원은 2013년 검찰수사를 받았고 원세훈 원장은 유죄판결을 받았다. 지난 2014년 3월에는 서울시 공무원 간첩사건의 증거조작에 대한 검찰수사가 있었다. 서울시 공무원 유우성의 중국 출입경 기록을 조작해 간첩으로 몰아간 사건에 국정원 직원들이 관여한 사건이다. 정부출범 이후 매년 한 번꼴로 받는 검찰수사에서 국정원은 압수수색 등 강제수사를 받는 수모를 당했다. 국정원은 언론으로부터 국가와 국민의 안보를 지키는 정보기관이 아니라 오히려 거꾸로 국민을 걱정시키는 '국민걱정원', 스스로 정쟁의 대상이 되고 있다는 의미에서 '국가 정쟁원'이라는 비아냥을 듣게 되었다. 국가최고 정보기관의 위상이 말할 수 없이 추락했고 대 국민신뢰도도 크게 손상되어버린 것이다.

국정원이 걸어온 일탈의 역사

국정원은 1961년 중앙정보부라는 이름으로 창설되어 국가안전기획부라는 명칭을 거쳐 지금에 이르고 있지만, 그 54년의 역사는 국민들에게 국가안보에 대한 기여보다는 정권안보를 위해 일했다는 오욕의 역사로 기억되고 있다. 비밀정보기관이면서도 국가안보와는 상관없는 초대형 사고를 유발시켜 국민을 걱정시켜 왔던 일이 비일비재하기 때문이다. 예를 들면 중앙정보부의 수장이 대통령을 직접 시해한 일이나, 대통령선거 경쟁후보를 외국에서 납치해 수장하려던 일 등이 그것이다. 심지어 한 전직 정보부장은 그 발언이 대통령의 마음에 들지 않은 탓에 외국에서 납치당해 의문사를 당한 것으로 알려져 있다.

문민정부에서 국민의 정부로 전환되는 1997년 대선 기간중에는 국가안전기획부장을 비롯한 여러 간부들이 야당후보를 낙선시키기 위해 정보를 조작하여 직접 선거에 불법개입한 일로 감옥까지 가는 처벌을 당했다. 2005년에는 삼성 X파일 폭로에서 시작된 사건이 국가안전기획부의 도청·불법감청사건으로 비화되어 국가정보기관이 조직적으로 도·감청을 한 실체가 확인되기도 하였다. 이에 따라 인권정부임을 자임하고 과거 권위주의 정권 시절 정보기관의 최대 피해자였던 DJ 정권 시절의 국정원장 2명이 실형을 살았다. 이렇듯 우리의 국가정보기관은 창설 이후부터 지금까지 정권이 바뀌는 것과는 상관없이 국가안보라는 본연의 임무에서 벗어나 현존의 정권을 위해 일해오는 일탈의 역사를 계속해 온 것이다.

계속되는 정보의 실패

이러한 국정원의 일탈행위는 그 본연의 임무를 수행하는 데 차질을 초래하기 마련이다. 염불보다 잿밥에 관심이 있는 조직에서는 당연히 일어나는 일이다. 정보조직에서는 이를 '정보의 실패'(Intelligence Failure)라고 부른다. 학술적으로 여러 관점이 있지만 개략적으로 이를 정의하면 "국가안보나 국가이익에 치명적인 영향을 끼칠 수 있는 현상을 제대로 예측하거나 판단하지 못함으로써 국가적으로 상당한 손실이 발생하게 되는 상황을 의미하는 것"이라고 할 수 있겠다.[3] 정보실패의 책임 소재 또는 주체가 정보기관만을 의미하는가 아니면 정책결정권자까지 포함하는 것인가는 논란이 있지만 여기서는 정보기관만의 실책으로 좁혀서 살펴보기로 한다.

역사적으로 보면 상대방의 능력이나 취약점 또는 동향을 잘못 판단하여 국가적 낭패를 초래했던 사례들은 수없이 많다. 1941년 12월 7일 일본군의 진주만 공격, 1950년 6월 25일 북한군의 남한 침공, 2001년 9월 11일 알 카에다의 세계무역센터와 국방부 청사 공격, 이 세 가지는 세계최강을 자랑하는 미국의 정보기관이 가장

---

3) 국가정보포럼, 「국가정보학」(서울: 박영사, 2007), p.323.

부끄러워하는 정보의 실패 사례이다. 우리 국정원에서도 수많은 정보실패의 사례가 나타난다. 가장 대표적인 것은 2011년 국정원 직원들이 인도네시아 대통령 특사단이 머무르던 국내의 한 호텔 숙소를 몰래 뒤지다 현장에서 어설프게 발각된 후 도망친 웃지 못할 해프닝이다. 이는 국정원의 프로페셔널리즘에 반해 전세계적으로 웃음거리와 조롱거리가 된 사건으로, 우리 정보기관이 두고두고 반성해야 할 사건으로 기록되고 있다.

　이보다 더 큰 문제는 대북정보 분야이다. 대북정보가 가상의 문제가 아닌 현실의 문제로 인식되고 있는 우리나라의 상황 속에서 대북정보활동이 국정원의 가장 중요한 정보목표라는 것은 주지의 사실이다. 그런데 정보의 실패가 바로 이 대북정보 측면에서 자주 발생해 왔다. 1993년 김일성이 사망한 것은 물론이고 2011년 12월 19일 김정일의 사망, 대포동 미사일 발사, 2010년 11월 23일 연평도 포격사건 등 역사적으로 남북관계에 심대한 영향을 미친 북한의 주요동향에 대한 정보입수에 잇따른 실패가 있었다. 2015년 4월에는 김정은의 러시아 방문이 취소되기 직전까지 김정은의 방러 가능성을 보고하고 언론에 공개한 바도 있다. 이렇게 국가의 정보목표 우선순위에 있어 제1목표인 대북정보분야에서 정보의 실패가 빈번히 일어난다는 것은 국가안보에 심각한 문제가 아닐 수 없다. 국가안보 사안에 대해 사전 예측정보가 없고, 있다 하더라도 부정확한 정보가 보고된다면 최고위 정책결정자들은 국가의 안보

정책 결정에 실기를 하고 우왕좌왕하게 되거나, 엉뚱한 방향으로 정책을 끌고 가게 될 것이다. 정보실패는 국가존망과 직결되는 문제이다.

국정원 개혁은 실패의 연속

중앙정보부 창설 이래 54년의 역사에 걸친 정치개입과 정치사찰로 얼룩진 국정원의 어두운 과거를 살펴보면, 국정원은 정권이 바뀔 때마다 '정치관여 금지'를 다짐하고 대북정보 등 본연의 업무에 전념하겠다는 개혁안을 내놨다. 정권을 새로이 장악한 대통령으로부터 내려오는 개혁지시도 있었고, 스스로 개혁안을 제시하는 셀프개혁도 있었다. 심지어 원장이 바뀔 때마다 정치개입을 하지 않겠다며 개혁안을 내놓기도 했다. 또한 정치개입 사건이나 정치사찰 사건이 발생할 때마다 국회 정보위 주관으로 개혁안이 만들어지고 법제화되기도 했다. 중앙정보부가 대통령 시해 사건으로 1980년 국가안전기획부로 이름이 바뀔 때부터 시작된 정보기관 개혁안은 지금까지 셀 수 없을 만큼 많이 만들어지고 집행되었다.

가장 획기적인 안은 문민정부 시절인 1994년에 여·야 합의에 의해 국가안전기획부법을 개정한 것이다. 이것이 지금까지 정보기관에 대한 통제의 기본틀로 유지되고 있다. 정보기관의 정치개입

을 막기 위해 국외정보 및 대공, 대정부 전복, 방첩, 대테러, 국제범
죄조직으로 직무활동 범위를 엄격히 제한하고 국회 내에 정보기관
을 담당하는 정보위원회라는 특별상임위원회를 설치하고 안기부
직원의 정치개입 등 직권남용 행위에 대한 특별 처벌조항을 명시
하였다.

　최근 인터넷 댓글사건으로 국정원의 대선 개입 논란이 벌어지
자 2013년 12월 국정원은 자체개혁안을 수립하여 국회에 보고하
였다. 대선 개입 논란이 재발되지 않도록 전직원의 정치개입 금지
서약을 제도화하고 국회와 정당 언론사들에 배치된 국정원 요원
을 철수시키고 상시 출입 제도도 폐지한다는 내용이었다. 국회도
이에 따라 국정원개혁특별위원회를 설치하고 국가정보원법을 개
정하여 국정원에 대한 통제의 수위를 높였다. 주요내용은 국정원
직원이 정치활동에 관여하는 행위의 집행을 지시받은 경우 원장
이 정하는 절차에 따라 이의를 제기할 수 있도록 하고 시정되지 않
을 경우에는 직무집행을 거부할 수 있도록 하였다. 그리고 직원의
정치관여죄에 대한 형량을 5년 이하의 징역 및 자격정지에서 7년
이하로 강화하고 공소시효기간도 10년으로 늘렸다. 이 외에 국정
원 직원이 다른 국가기관과 정당 언론사 등 민간을 대상으로 하는
정보활동을 할 때는 법률과 내부규정에 위반하는 파견이나 상시
출입을 할 수 없도록 하는 조항을 신설하였다. 그러나 이같이
20~30년간에 걸쳐 수많은 개혁조치를 하였음에도 불구하고 국정

원이 이 약속을 제대로 지켰다고 믿는 국민은 그리 많지 않다는 데 문제의 심각성이 있다.

정보가 정치화되는 여러가지 형태

　사건이 발생할 때마다 법률을 개정하고 제도를 정비했는 데도 몇십 년 동안 국정원의 정치개입, 불법감청 등 일탈행위가 근절되지 않고 중요한 정보의 실패 현상이 지속되는 이유는 무엇인가? 그것은 바로 정보의 정치화에 해답이 있다. 정보의 정치화에는 다음의 세 가지가 있는데 우리의 경우에는 이 세 가지가 복합적으로 작용하고 있다.

　첫째는 정보 분석의 정치화이다. 정보의 사용자와 생산자 간에 종종 발생하는 일로서 정책결정권자의 선호에 맞게 분석보고서를 작성하는 것을 말한다.[4] 이는 정책과 정보는 엄격하게 구별하고 정책결정자와 정보기관장은 일정한 거리를 유지해야 한다는 정보의 기본원리를 무시한 것이다.[5] 1986년에 이루어진 평화의 댐 건설을

---

4) 전웅, 「현대국가정보학」(서울: 박영사, 2015), pp.542~545.
5) 함승희, 이도형 역, 전게서, p.11.

위해 북한의 수공위협을 과장하여 보고서를 작성한 것이 좋은 사례이다. 이명박 정부 시절 정책결정권자의 정치적인 의도에 맞추기 위해 북한체제의 조기 붕괴론을 뒷받침하는 보고서를 작성했던 것도 그 예에 포함된다. 미국의 경우에는 미 CIA가 이라크의 대량살상무기에 관해 왜곡된 정보판단을 내렸고, 이것이 미국이 이라크 전쟁을 단행하게 된 중요한 요인으로 작용하였다는 사실이 속속 확인되었다. 이라크에는 대량살상무기가 존재하지 않았는데도 불구하고 이라크 전쟁의 명분을 만들어 주기 위해 보고를 왜곡시켜 제공한 것이다. 정책결정권자의 정치적 의도를 지원하기 위해 거리낌 없이 정보를 축소, 과장 내지 조작한다면 이는 정보기관의 본래의 역할에 반하는 것으로 생산된 정보에 대한 신뢰를 스스로 잃어 버리는 결과를 초래한다.

둘째는 정보활동의 정치화를 들 수 있다. 여기에는 다시 두 가지 측면이 있는데 하나는 사실에 기초해서 생산된 정보를 정치적 목적 등으로 오용해서 논란을 초래하는 경우이다. 2013년 6월 노무현 전 대통령의 2007년 남북정상회담 NLL발언과 관련하여 조작, 왜곡 논란이 제기되고 정치권에서 회의록 공개를 두고 공방이 벌어지고 있던 와중에, 국정원이 회의록 발췌본을 전면 공개한 일이 발생하였다. 여·야의 논란 속에 섶을 지고 불속에 뛰어든 형국이 되었다. "정보기관은 입이 없어야 한다"는 철칙을, 정보기관의 입장은 어떤 일이든지 공개적으로는 항상 'NCND'여야 한다는 원칙을 철저하게 무시한 행동이었다. 2007년 8월 아프카니스탄에서 한국인 피납사건이 발발하자 국정원장이 선글라스를 착용한 현장요원을 대동하고 직접 언론에 모습을 드러내고 석방과정을 무용담처럼 설명하는 해프닝을 벌인 일도 있다. 2012년 대선 전날인 12월 18일 국정원장은 평양 방문시 본인이 했던 대선 결과와 차기 정부의 대북정책에 대한 예측 발언내용을 고의로 언론에 누설하였다. 이는 정치적 목적을 가진 의도적 행위로 국정원장 자신과 국정원의 신뢰를 동반추락시키는 결과를 초래하고 말았다. 2008년에는 김정일의 와병설과 관련하여 정부 고위관계자 이름으로 김정일이 "양치질을 할 정도의 건강상태인 것으로 파악하고 있다."는 기사가 언론에 보도된 일이 있다. 2015년 5월에는 국정원이 북한의 현영철 인민무력부장의 숙청 및 처형설을 첩보라는 전제하에 국회 정보위원회에 보고하고 언론은 이를 대서특필하여 보도하였다. 이 역시 국정원의 단기적인 성과주의나 한건주의와 무관치 않다고 보고 있다. 북한정보를 이렇게 여과없이 공개하는 것은 의도한 효과를 거두는 일과는 상관없이 정보수집에 오히려 역효과를 가져오게 된다. 즉, 정보출처와 정보 파악 경로가 드러나 앞으로 북한정보 수집에 더 많은 비용과 시간이 필요하게 된다. 결국 이러한 모든 일은 국정원에 대한 국민의 불신만 계속 높여가는 결과를 초래하였다.

'정보활동의 정치화'의 또 다른 측면은 정보기관이 정치적 의도와 목적을 갖고 직접 정보활동을 수행하는 것이다. 이는 국정원법 제9조 정치관여금지조항에 잘 설명되어 있다. 즉 직위를 이용하여 특정 정당이나 특정 정치인에 대하여 지지 또는 반대의견을 유포하거나, 그런 여론을 조성할 목적으로 특정 정당이나 특정 정치인에 대하여 찬양하거나 비방하는 내용의 의견 또는 사실을 유포하는 행위 등이 그것이다. 과거 국정원이 직접 선거에 개입한 일은 수도 없이 있어 왔지만 그 범위와 관여의 정도가 과거에 비해 현저히 낮아진 것도 사실이다. 그러나 국정원법이 금지한 불법활동임에도 불구하고 관성적으로 정치관여 활동이 지속되고 있는 것도 부인할 수 없다. 바로 2012년에 국정원 심리전단에 의해 이루어진 인터넷 댓글 사건이 그것이다. 국정원에서는 종북활동에 대한 심리전 차원의 대응활동이라고 주장하였지만, 법원은 대선에서 특정 후보에 대한 지지 혹은 비방 여론을 조성할 정치적 목적을 가진 여론조작 활동으로 보고 그 활동을 지시한 원장과 해당간부들에 대해 유죄판결을 내렸다. 이 밖에 특정목적을 갖고 불법적으로 감청 내지 도청을 하고, 미행을 한다거나 해서 동향을 파악하는 불법사찰행위도 이 범주에 속한다고 하겠다.

셋째는 정치권에 의한 정보의 정치화를 들 수 있다. 이는 정치권에서 정쟁의 도구로 정보를 활용하는 것을 의미하는데, 특히 우리나라의 경우 정치의 미성숙으로 말미암아 그 도가 지나친 것으로 평가되고 있다. 물론 닭이 먼저냐, 알이 먼저냐 식으로 정보기관의 책임이냐 아니면 정치권의 책임이냐 혹은 정치권과 정보기관의 공조로 이루어진 것이냐의 논란이 있을 수 있지만, 정보기관 또는 제보된 정보를 정쟁에서 이길 수 있는 수단으로 생각하고 활용하는 사례가 왕왕 있어 왔다. 최근 제기된 해킹프로그램 구입사건에서 보듯 확인되지 않은 '민간인 해킹의혹 제기'에 대해, 여당에서는 안보 자해행위라고 주장하고 있고 야당에서는 불법 감청사건이라고 주장하면서 양쪽 모두 정국을 주도하는 하나의 수단으로 이 문제를 다루고 있는 것이 그 예이다. 국정원을 담당하고 있는 국회 정보위원회에서 사실을 확인하고 불법 여부를 판단하면 될 일을 정치권 나아가서 국가 전체의 이슈로 키워나가고 있는 것이다. 정보기관에 대한 교과서적인 원칙도 무시하고 정보기관을 정치 이슈화하는 것이다. 더군다나 이 과정에서 국가안보 차원에서 보안이 지켜져야 할 정보가 여과 없이 정치인에 의해 유출되고 있는 상황이 벌어졌다. 국정원이 이 해킹프로그램으로 대북정보 활동을 해 왔고, 북한의 불법 무기거래를 적발하였다는 정보위의 보고내용은 국정원의 활동을 위협할 수 있는 민감한 공작사항인만큼 철저한 비공개를 요청한 내용이었다. 보고를 받은 여·야 공히 보안을 약속했지만 하루만에 이 내용이 여권 관계자발로 공개가 되고 언론에 보도되었다. 정치권과 언론에서는 여당이 북한을 상대로 한 해킹성과를 언론에 흘린 것으로 보고 경위를 조사하고 책임을 물어야 한다고 지적하고 있다. 정치권에서 정쟁의 승리를 위하여 자신에게 불리한 자료는 국가안보라는 이름으로 비공개를 고집하면서, 자신에게 유리하다고 판단하면 국가기밀을 서슴없이 공개하는 이같은 행위는 국가안보와 정보기관을 염두에도 두지 않는 무책임한 정략적 정치행위로서 마땅히 자제되어야 한다.

정보의 정치화를 극복하기 위하여

국정원의 개혁은 위에서 살펴본 바와 같은 방식으로는 결코 성공할 수가 없다. 이는 무수히 반복되어 온 그간의 국정원 개혁이 말해 주고 있다. 기능은 유지하면서 상황에 따라 조직을 통폐합하고, 분리하고, 축소하고 하는 식의 조직개혁안은 다람쥐 쳇바퀴 돌기식의 오로지 보여주기 위한 개혁일 뿐 진정한 의미에서의 개혁과는 무관하다. 조직과 법, 제도를 재정비하는 것만으로는 개혁을 이룰 수 없다. 그 동안은 근본은 고치지 못하는 형식적인 솔루션에 매몰되어 왔다. 고난도의 수학문제를 풀기 위한 기본원칙은 잡다한 기교적 테크닉은 모두 잊고 다시 원점으로 돌아가, 주어진 개념의 해석과 이론의 여지없는 공리(公理), 그리고 출제자의 의도를 헤아려 보는 것이 정석이다.[6] 이러한 관점에서 본다면 문제의 해결은 지금까지 설명한 바와 같이 오로지 정보의 정치화를 막는 길뿐이다. 민주사회에서 정보의 정치화를 100% 막는다는 것이 불가능하다 하더라도 이를 최소화해 나가는 것이 국정원이 안고 있는 문제를 해결해 나가는 지름길이다. 즉 법과 제도의 문제가 아니라 운영의 문제인 것이다.

　그러기 위해서는 무엇보다도 선거를 통해서 집권하는 대통령이 정보기관에 대한 사유화(私有化)의식이 없어야 한다. 대통령은 정보기관에 대해 올바른 정치 철학과 원칙을 가져야 한다는 말이다. 정보수요자인 대통령이 막강한 권한을 가진 우리나라에서는 대통령이 정보기관을 단순한 정책참모쯤으로 보느냐 아니면 어느 정도의 독자성과 자율성을 가진 기관으로 보느냐 하는 정보관(情報觀)의 문제가 정보기관의 위상과 역량에 직결되기 때문이다. 그러므로 대통령은 국가의 최고 정보수장인 국정원장 자리를 비롯한 정보기관의 보직을 선거의 전리품(戰利品) 정도로 여겨 비전문가를 포함한 자기 측근을 임명하지 말아야 한다. 역대 정보기관장들의 평균 재임기간이 1년 6개월에 불과했고 대통령 임기가 5년으로 정착된 노태우 정부 이후에는 1년 4개월에 그치고 있다는 사실은 역

---

6) 함승희, 이도형 역, 전게서, p.7.

대 대통령들이 정보기관을 사사화(私事化)해 왔다는 실상을 역력히 보여주고 있다. 정권이 교체되었다고 국정원장을 바꾸고 정보요원을 입맛대로 솎아내는 등 정보기관에 손을 대는 일은 피해야 한다. 정권 스스로가 정보기관의 업무연속성을 보장해 주고 정치적 중립을 지켜 주어야 한다. 이런 면에서 국정원장의 임기제 도입을 적극적으로 검토해야 한다. 정보기관은 정권이 아닌 국가의 사활이 걸린 중요 정보의 수집과 판단을 하는 안보조직으로서, 기관장부터 현장요원에 이르기까지 철저한 전문가라는 사실을 정확하게 인식하고 실천해야 한다.

다음으로, 정권은 말할 것도 없고 특히 정치권이 정보기관을 함부로 대하지 말아야 한다. 정보기관을 소중하게 대하는 관행을 가꿔 나가야 한다. 우리의 정보기관에는 여러 가지 원죄(原罪)가 있는 것이 사실이다. 그러나 민주화가 이루어지고 국회의 합법적인 감시가 가능해진 지금에도 과도한 의심과 모욕을 가하는 것은 있을 수 없는 일이다. 여·야 정권교체가 이루어지고 있고 여·야 모두 국정운영과 국정원의 역할을 잘 알고 있음에도 불구하고 야당이 되기만 하면 국정원을 정쟁의 한가운데로 끌어 내어 치명타를 가하려고 당력을 집중한다. 최근에 유행하는 '디스'라는 말이 있다. 디스리스펙트(disrespect, 무례)의 준말로 상대방의 허물을 공개적으로 공격해 망신을 주거나 랩을 통해 서로를 비난하여 인지도를 높이는 힙합의 하위문화를 일컫는 말이다. 그런데 정치권에서는 국가정보기관을 너무나 가볍게 여겨 소위 '국정원 디스' 행위가 빈번하게 일어나고 있다. 잘못한 것이 있으면 진상을 조사하고 사실 확인과 증거를 확보하여 법에 따라 처벌하면 될 일인데, 정보기관과 관련된 사안만 발생하면 정상활동까지도 의심과 모욕을 가하여 활동 자체를 위축시키고 있다. 이제는 여·야 모두가 집권경험을 바탕으로 역지사지(易地思之)의 자세로 정보기관의 전문성을 인정하며 합리적인 활동을 보장하는 데에 노력을 기울여 나갈 때이다.

셋째로, 국정원에 대한 국회 통제의 문제이다. 우선 국회 정보위원회에 대한 국정원 보고가 형식적 내용이 아니라 심도있는 비밀보고가 되어야 하는데, 이를 담보하기 위해서는 보고내용을 외부에 유출하는 정보위원에 대해서는 처벌과 제재조치가 확실하게 이루어져야 한다. 정보위원회가 끝나면 여·야 간사가 회의내용을 공개하는 관행도 재검토해야 한다. 국가기밀과 국민의 알권리를 조화시키는 범위 내에서 회의내용을 공개하는 주체를 정보위원장으로 격상하는 방안이 그 대안이 될 수 있다. 또한 정보활동에 대한 실질적 통제는 예산을 통해 이루어져야 하므로 예산·결산 심사를 지금보다 더욱 철저하게 하여야 하고 이를 위해 예산안 첨부서류의 제출을 제한적으로 검토해야 한다.

넷째로, 대통령의 국정원에 대한 감독 강화의 문제이다. 지금까지는 국정원에 대한 대통령의 감독이라는 개념은 없었다고 해도 과언이 아니다. 그러나 국정원은 법적으로 엄연히 정부조직법에 의한 대통령 소속기관이다. 대통령 직속기관이라는 말이다. 그렇기 때문에 국정원의 일탈행위가 있었다면 그것은 대통령의 책임이다. 그러므로 대통령은 국정원이 제대로 역할을 하게 할 책임이 있고 이를 위해 철저하게 감독을 해야 한다. 지금처럼 청와대 민정수석실에서 국정원을 감독하는 것은 형식적인 업무에 불과하므로 국정원의 감사관을 대통령이 임명하여 독립적으로 운영하는 방안을 고려해야 한다. 이와함께 대통령을 보좌하는 정보수석제도를 신설하여 국가정보시스템 운영의 효율화를 기해야 한다. 요즘같이 정보의 수요가 폭증할수록 정보공동체 내 정보기관 간의 통합, 조정기능의 필요성이 절실해진다. 미국이 9·11 테러 이후 정보기관의 개혁을 위해 2004년 설치한 국가정보국(DNI) 수준은 아니더라도 대통령 직속으로 정보수석을 설치한다면 특정기관의 정보독점을 막고 정보의 통합을 이루며 정보기관 간의 이기주의 행태를 방지하는 효과를 기대할 수 있을 것이다.

마지막으로 국정원 스스로도 뼈를 깎는 변화의 노력을 해야 한다. 원죄가 있었다 하더라도 그 동안 국민들이 신뢰할 만큼 개혁과 변화의 모습을 보여 주었다면 지금처럼 국민의 외면을 받지는 않을 것이다. 2015년 7월 18일 여당의 최고위원회에서 나온 발언내용을 국정원 직원들은 경청해야 할 것이다. 한 최고위원은 해킹프로그램 구입사건과 관련한 내용을 제기하면서 "국정원은 그야말로 음지에서 소리 소문 없이 국가의 안위와 자유민주주의 질서를 수호하는 것이 본연의 임무인데, 왜 이렇게 자주 정치적 소용돌이의 도마 위에 등장하는가? 이것은 국정원의 자업자득인 면도 있다. 국정원은 정말 반성해야 한다. 대선 총선을 앞두고 해킹프로그램을 도입한 것은 오얏나무 밑에서 갓끈을 맨 것이다. 불법도청을 비롯해서 많은 의혹으로 인해서 국정원을 믿는 국민들보다 믿지 않는 국민들이 더 많다는 사실을 새겨 들어야 한다"고 발언했다. 이 최고위원의 발언은 국정원이 결백을 고백해도 국민들이 믿어주지 않는 작금의 현실을 생생하게 보여주고 있다. 또한 인터넷 댓글 사건의 경우 국정원의 주장대로 심리전 대북공작이라 하더라도 담당 요원의 뒤를 밟아 이 사건을 터뜨린 당사자가 정치권과 연계된 전·현직 직원이라는 사실은 일부에 국한된 것이겠지만 국정원 내부가 얼마나 해이되어 있고 직원들의 정치오염이 어느 정도 수준에까지 달했는지를 극명하게 보여주고 있다.

이러한 상황에서 국정원이 가야 할 최선의 길은 정보기관의 정도(正道)를 걷는 일 외에는 없다. 비밀정보기관으로서 음지에서 법과 원칙에 충실하며 묵묵히 해야 할 일을 해 나가는 것, 헌법가치에 목표를 두고 국정원법 등 제반 관련법규를 준수하면서 국가를 위해 일해 나가는 이것이 정도이다. 정권은 교체되지만 국가정보 기관으로서의 국정원은 존속되어야 하기 때문이다.

06

생활 밀착형 국토정책과
삶의 질

권용우

| 학력 |
- 서울대학교 문리과대학 지리학과(문학사)
- 서울대학교 대학원(문학석사/문학박사)

| 경력 및 활동사항 |
- (현)성신여자대학교 지리학과 명예교수
- 미국 Minnesota대학교, Wisconsin대학교 객원교수
- 국토지리학회장, 대한지리학회장, 한국도시지리학회장
- (현)국토교통부 갈등관리심의위원회 위원장
- 국토해양부 환경부 국토환경관리정책조정위원회 위원장
- 경제정의실천시민연합 도시개혁센터 운영위원장/대표

| 저서 및 논문 |
- 교외지역(2001)
- 수도권공간연구(2002)
- 그린벨트(2013)
- 우리국토 좋은국토(2014)
- 도시와 환경(2015) 외 다수

권용우 | 성신여자대학교 명예교수

생활 밀착형 국토정책과 삶의 질

'생활국토' 개념의 대두

국토와 창조적 마인드

국토 문제는 국민의 재산권이 걸린 문제다. 이런 연유로 국토 문제는 한 나라의 최고 권력자나 권력자 집단의 의지가 결정적인 영향력을 행사한다. 동서고금의 사례를 보면 한 나라의 국토 문제가 국가의 주요 국정과제로 되는 경우는 대체로 두 가지 과정을 거쳐서 정해진다. 하나는 최고 권력자가 스스로 국토 문제에 몰두하여 여러 정책을 실천하는 경우다. 다른 하나는 여러 전문가의 의견이나 시대의 염원을 잘 수렴하여 국토 문제를 국정의 최우선 과제로 삼는 경우다. 양자 어느 경우라도 최종 결정은 최고 권력자나 권력자 집단의 몫이다.

러시아의 표트르 대제는 핀란드 만 연안에 직접 거주하면서 상트페테르부르크 신도시를 건설해 수도로 삼았다. 영국의 빅토리아 여왕은 해양을 개척해 영국을 세계 강국의 반열에 올려놓았다. 미국의 루스벨트 대통령은 TVA를 통해 대공황을 극복했다. 독일의 지도자들은 라인 강을 잘 관리해 독일 부흥의 기적을 만들었다. 프랑스 지도층은 대혁명을 기념해 에펠탑과 신도시 라 데팡스를 건설했다. 우리나라는 세종시대에 국토에 관한 연구와 정책집행이 매우 체계적으로 진행되었다. 이러한 전통은 영·정조시대 정약용의 수원 화성 축성으로 꽃을 피웠다. 조선시대는 국가 지도층의 국토중시 철학에 힘입어 치산치수(治山治水)가 국정의 핵심과제가 되었다. 대한민국이 건국된 이후에도 국정의 최고 책임자가 주도하여 국토건설, 그린벨트 설치, 세종시 건설 등을 국정의 최우선과제로 진행한 바 있다.

여기에서 흥미로운 점이 관찰된다. 그것은 외국이나 우리나라 모두 기존의 국토관리 패러다임에 얽매이지 않고, 앞날을 내다보는 창조적 마인드로 시대정신을 이끌어 갔을 때, 국토는 새로운 면모를 지니면서 창조적 국토로 거듭났음이 확인된다는 점이다. 1850년대 영국의 빅토리아 여왕은 산업혁명의 역동성에 주목했다.

그녀는 대서양을 통해 미국과 유럽을 잇는 지리적 이점과 셰익스피어로 대표되는 근대 민중예술을 절묘하게 융합시켰다. 그녀는 인류 공동 산업화의 상징인 런던엑스포를 개최하여 런던을 19세기 창조도시로 만들고, 로얄 앨버트 홀(Royal Albert Hall)을 지어 문화부흥을 꾀했다. 20세기에 이르러 신대륙의 거점 항구였던 뉴욕은 유럽과의 무역과 신산업으로 세계 최고의 부를 창출했다. 세계 각국으로부터 사람들이 뉴욕으로 모여들고, 소호(SoHo, South of Houston)에서 창조적 신산업이 시작되어 부를 쌓았다. 뉴욕에서는 귀족들의 전유물이던 예술이 대중화되면서, 모든 사람이 행복해하는 대중문화가 꽃피웠다. 이러한 새로운 흐름으로 뉴욕은 20세기 창조도시의 중심이 될 수밖에 없는 메갈로폴리스적(的) 국면에 이르렀다. 오늘날 뉴욕의 창조적 분위기는 21세기로 이어지고 있다.

창조적 활동과 생활국토

21세기는 바야흐로 '창조'로 새로운 세기(century)를 열면서, 창조도시, 창조국토, 창조경제, 창조산업 등에 이르기까지 '창조' 논의의 스펙트럼(spectrum)을 활짝 열어젖히고 있다. 2000년 8월 피터 코이는 "개인의 창의성과 아이디어로 새로운 창조경제 체제가 출현한다"고 했다. 지식에 창의성과 상상력을 융합한 창조인력은 창업과 경영 등의 창조가치 창출활동으로 새로운 창조산업을 일으킨다. 에드워드 글레이저는 그의 저서 '도시의 승리'에서 "도시란 지적 폭발을 창조하는 곳"이라 말했다. 미국의 실리콘밸리와 맨해튼, 런던의 더 시티 등에는 창조적 인간들이 집결한다. 창조적 인간은 창조 생태계를 만들고 창조적 경제활동을 펼친다. 창조적 경제활동은 창조공간을 창출한다. 창의적 생태계로서 창조공간은 창조활동의 본거지가 된다. 창조공간은 창조도시와 창조국토로 구성된다. 국토에 대한 창조적 결행은 종국에는 국민의 행복가치를 극대화하는 방향으로 나아가 '생활국토'를 만든다. 창조적 경제활동은 창조산업으로 나타난다. 창조산업은 서비스산업, 정보통신산업과는 다른 범주의 산업이다. 창조산업은 도시의 역사, 지리, 예술, 산업, 문화, 환경의 인문적 시대정신과 함께 어우러져 탄생한다. 창조산업은 지표상의 어떤 특정지역에서 창조적 인간군에 의해 만들어지는 것이 일반적이다. 19세기 런던의 더 시티, 20세기 뉴욕의 월스트리트에는 창조적 인간군이 집결하여 조직화된 구역을 만들고, 그곳에서 새로운 창조활동을 펼쳤다. 창조활동이 벌어지는 곳을 좁게는 창조도시로 넓게는 창조국토로 해석할 수 있다. 창조국토는 보통사람들의 행복을 추구하는 생활국토가 된다. 여기에서 주목되는 것은 21세기 들어서 아시아 주요 도시들의 움직임이다. 아시아 중심도시들은 역사, 지리, 인문의 정체성을 회복하고 있다. 대학을 중심으로 새로운 창조인구의 도시구역이 만들어지고, 창조적 신산업이 활발하게 일어나고 있다. 아시아 거대도시들은 창조성을 강조하기 위한 경쟁체제에 들어서고 있다. 대한민국 서울도 예외가 아니다.

　이처럼 21세기에는 창조적 동기와 과정의 여러 단계를 거쳐 개인·집단·국민들의 삶의 품격을 승화시켜 행복을 추구하는 '창조적 결행'의 결과가 공간적으로 나타나고 있다고 진단한다. 창의력을 중시하는 창조시대를 맞아 도시와 국토관리는 새로운 국면을 맞을 준비를 해야 하지 않을까? 이런 관점에서 기존의 패러다임을 뛰어넘는 창의적 국토정책으로 국민들의 행복가치를 극대화하려는 시대를 '생활국토시대'라고 정의하기로 한다. 그리고 '창의정신으로 보통 사람의 삶의 품격을 높여 행복감을 갖게 하는 국토를 생활국토'라고 정의하기로 한다. 창조적 국토관리의 흐름에서 볼 때 오늘날 우리나라가 대외적으로 전개하고 있는 공간적 패러다임 변화는 괄목할 만하다. 우리나라는 대외경쟁력을 확충시켜 80여 개국과 자유무역협정(FTA)을 맺으면서 '해외 경제영토'를 넓히고 있다. 경제력 신장에는 자동차(automobile), 조선(shipbuilding), 전자(electronics), 건설(construction), 석유(oil), 기계(mechanics) 등의 과학기술 산업이 크게 기여한다. 우리나라는 20·50클럽 국가로 성장하면서, 세계 9위의 무역대국과 무역 1조 달러 시대를 열었다. 중동과 남미지역에 건설시장을 확충하고 있다. 무역대국이 된 우리나라에서 국가 교통망 체계와 물류항만의 역할은 그 어느 때보다도 중요하다. 소프트웨어 부문에서도 K팝을 선두로 한 한류문화가 폭발적으로 전 세계에 퍼져 나가고 있다. 우리가 미처 깨닫기도 전에 융합형의 한국적 창조문화가 우리와 우리 주변국가에 급속도로 확산되고 있음을 보고 있는 것이다. 따라서 지금은 한반도와 세계를 동시에 아우르는 새로운 국토철학이 요구되는 시점이다. 오늘날의 새로운 국토철학은 국민 한 사람 한 사람의 일상적 삶의 품격과 직결되는 '생활국토시대'에 적합한 국토철학이어야 한다고 판단한다.

우리나라의 국토정책

국토정책의 흐름

이러한 관점에서 생활국토시대를 성찰하기 위해 1960년 이후 우리나라 국토정책의 흐름을 살펴보고 우리나라 국토정책의 대표적 사례인 그린벨트와 균형발전 정책을 고찰해 보기로 한다.

1960년 이후의 우리나라 국토정책은 정치·경제·사회·문화정책의 흐름과 맥을 맞춰 검토해 볼 때 대체로 4시기로 나눌 수 있다고 분석된다.

〈1시기 : 재건건설 시대(1960~1980)〉

4·19혁명과 이어 등장한 박정희 정부에서는 근대화와 산업화를

국정의 패러다임으로 정했다. 국토 분야는 재건하고 건설하는 일에 몰두했다. 1960년대는 성남단지 개발, 영동·잠실지구 개발, 대덕학원연구도시 건설 등이 전개되었다. 1970년대는 국토공간의 재편성을 지향하는 전국적 차원의 인구 분산화정책이 펼쳐졌다. 제1차 국토종합개발계획(1972~1981)과 수도권 위성도시 배치정책(1971), 개발제한구역의 설정(1971), 국토이용관리법(1972), 과천 신도시 건설(1978~1983), 반월 신도시 건설(1977~1987), 여천 신도시 건설(1977~1986) 등이 진행되었다. 교통물류 부문은 태동기를 거쳐, 1970년대에 이르러 기간시설로서의 교통물류망의 골격을 형성했다.

그러나 동기간 중 경제개발로 인한 새로운 취업기회가 생겨 대도시로의 인구이동이 가속화됨으로써 국지적인 억제정책은 실효를 거두지 못했다. 그리고 영남과 호남지역을 고려한 균형개발 인식이 부족했고, 공업화에 따른 환경피해를 충분히 고려하지 못했다. 더구나 집적의 논리가 심화되면서 대도시 주변으로 인구와 산업 활동이 확산되어 나가는 대도시권화 현상에 대해서는 능동적으로 대처하지 못했다.

〈2시기 : 개발환경 시대(1980~2000)〉

1980년대 이후에 들어선 문민정부는 국정의 방향을 민주화와 세계화로 내세웠다. 국토 분야는 개발에 중점을 두었으나 점차 환경을 중시해야 한다는 논리가 부상했다. 1980년대는 대도시권으로의 인구집중을 받아들일 수밖에 없다는 수용론이 기조를 이루었다. 5대 거점도시권 정책 및 임시행정수도 구상(1978), 성장거점도시 및 광역권 계획정책(1981), 수도권 정비계획(1982) 등이 제시되었다. 1990년대는 수용의 차원을 넘어 적극적으로 도시를 개발하자는 확대개발론이 전개되었다. 분당 등 수도권 5개 신도시 개발, 수도권 정비계획법 및 시행령 개정 등이 이루어졌다. 1980년대 중반 이후에 이르러 '개발은 하되 지속가능하고, 친환경적인 개발이 필요하다'는 친환경 논리가 등장했다. 그리고 1980년대에는 교통물류산업의 성장과 시설 확충이 이루어지고, 1990년대에는 간선망의 형성과 시설 확충이 전개되었다.

그러나 이 기간에 서울, 부산, 대구, 광주, 대전 등은 대도시권으로 변모되어 국토공간체계를 주도하는 가공할 만한 '공룡'으로 변모한 데 반해, 중소도시와 농어촌 등 비(非)대도시지역은 상대적으로 더욱 낙후되어 전국은 대도시지역과 비대도시지역의 공간구조로 재편되었다. 그리고 준농림지와 수도권 상수원보전권역에는 음식점, 러브호텔, 위락단지가 들어서고, 대규모의 주택건설과 허가를 받지 않은 공업시설물이 대거 입지하는 등의 현상으로 수질이 급격히 악화되었다. 더욱이 수도권 규제완화의 조처가 취해지면서 비수도권의 성장은 급격히 퇴조했다.

⟨3시기 : 균형추구 시대(2000~2010)⟩

2000년대에 집권한 정부의 국정 방향은 선진화였다. 국토 분야는 균형발전을 주요 패러다임으로 정했다. 특히 2003년에 들어선 참여정부(2003~2007)는 수도권과 비수도권 차별없이 삶의 질과 경쟁력 향상을 추진하겠다는 균형발전을 천명했다. 그것은 구체적으로 세종시, 혁신도시, 기업도시, 살고 싶은 도시 등 일련의 도시정책으로 나타났다. 이명박 정부(2008~2013)는 국토를 수도권, 충청권, 호남권, 대경권, 동남권의 5개 대권과 강원권, 제주권의 2개 권역으로 묶어 관리하자는 '5+2' 광역경제권을 제시했다. 2000년대의 교통물류 부문은 글로벌화와 친환경 인간중심 체계로 특징된다.

그러나 균형발전에 대한 정치적 반발로 세종시는 당초 계획과 달리 청와대와 외교통상부·국방부·통일부·행정자치부·여성가족부·법무부 등은 서울에 남긴 채 나머지 부처만 세종시로 이전하게 되었다. 이에 따라 행정기능이 분할되면서 많은 사람들이 불편을 겪게 되었다.

⟨4시기 : 생활국토 시대(2010~현재)⟩

2010년 이후의 국정방향에서는 글로벌화와 창조적 활동이 강조된다. 국토 분야는 새로운 균형정책과 함께 생활국토 등 새로운 패러다임을 모색하고 있다. 2013년에 들어선 박근혜 정부는 창조경제혁신센터 설치를 추진하고 있다. 대기업이 서울을 위시하여 전국 17개 지역에 혁신센터를 세워, 각 산업분야와 창조적 혁신역량을 접목시키려는 정책이다. 그러나 아직은 초기 단계로 창조적 혁신활동이 각 지역별 생활양식에 변화를 주고 있음을 확인하려면 상당 기간이 필요하다고 보인다. 더욱이 국토의 각 지역별 생활양식에 변화를 주면서 보통시민의 삶의 질을 높이는 생활국토정책이 되려면 보다 구체적이고 정교한 정책 프로그램이 제시되어야 한다.

여기에서 주목되는 점은 우리나라의 국토 정책이 대체로 2000년을 전후하여 성격을 달리하는 측면이 있다는 사실이다. 1960년부터 2000년 까지의 국토정책은 하향식 개발과 성장 우선의 논리 아래 건설과 개발을 중시하는 정책이었다고 이해된다. 이에 반해 2000년 이후의 국토정책은 성장의 과실이 국민 모두에게 골고루 돌아가도록 균형과 생활국토 등을 풀어나가는 정책이라고 해석된다.

그린벨트와 개발제한구역

우리나라는 1971년 영국의 그린벨트(greenbelt)를 본받아 개발제한구역이라는 이름으로 그린벨트 제도를 도입하였다. 도시의 무질서한 확산을 방지하고, 자연환경을 보전한다는 명분이었다. 특히 안보상의 논리도 덧붙였다. 1971년부터 1977년까지 전국 14개 도시 주변에 국토면적의 5.4%인 5,397.1㎢의 개발제한구역을 설정했다. 그 후 1997년 대통령 선거를 계기로 개발제한구역이 조정되고, 보금자리주택 등으로 개발제한구역이 대폭 풀려 2015년 현재 국토면적의 약 3.9%가 존치되어 있다. 우리나라 그린벨트는 1997년 대통령선거 이후 큰 변화가 있었기에 좀 더 자세히 살펴보기로 한다.

　1997년의 대통령선거에서는 개발제한구역이 최대쟁점이 되었다. 환경보전과 도시 확산을 염려하는 보전론과, 경제가치의 활용을 위해 풀어야 한다는 해제론, 그리고 양론을 절충하자는 조정론이 첨예하게 대립하였다. 그 후 보전론과 조정론의 대표들이 회동하여 개발제한구역의 향방을 논의한 이른바 '그린벨트 회담'과 정부산하 협의회의 각종 논의 및 시민환경단체들의 제안 등을 수렴하여 1999년 7월 22일 정부는 '그린벨트 선언'을 발표하였다. 제주시 등 7개 중소도시권의 개발제한구역은 전면 해제하고, 수도권 등 7개 대도시권은 '환경평가'를 통해 개발제한구역을 부분 조정한다는 내용이었다. 이 가운데 '환경평가'는 오늘날 개발제한구역을 운영하는 가장 중요한 정책원칙이 되고 있다. 환경평가는 개발제한구역을 표고, 경사도, 농업적성도, 식물상, 임업적성도, 수질 등 6개 지표를 토대로 5개 등급으로 나누는 내용이다. 환경평가의 핵심 내용은 "환경평가 1~2 등급은 보전하고, 4~5 등급은 해제하며, 3등급은 광역도시계획에 따라 묶거나 푼다"는 것으로 정리된다. 환경평가 등급에서는 숫자가 적을수록 환경적 가치가 높고, 숫자가 많아질수록 환경적 가치가 낮은 것으로 평가된다.

우리나라에서는 건강이나 환경에 대한 관심이 높아지면서 새로 조성되는 신도시나 주거단지의 광고에서 녹지를 광고하고 있다. 그러나 녹지 환경을 강조하면서 실제로는 그린벨트를 풀어 아파트를 짓겠다고 나서고 있으니 아이러니하다. 오늘날 잘사는 나라들 대부분이 그린벨트제도를 도입하여 '지속 가능한 국토 환경관리'에 나서고 있는 점과는 확연히 대비된다. 세계와 우리나라의 그린벨트는 대체로 도시의 평면적 확산을 방지해 자연환경을 보전함으로써 시민들의 삶의 질을 향상시키자는 목표를 갖고 있다. 그린벨트는 영국의 도시개혁운동가 하워드가 주장한 전원도시에서 유래한다. 1898년 하워드는 도시의 환경성을 살리기 위해 영구 녹지대를 설정하자고 제안한다. 영국은 제2차대전의 승전으로 국민적 신뢰를 얻어 국가가 개인재산을 규제하는 그린벨트 법제화가 가능하게 했다. 1944년 아버크롬비는 런던 대도시권을 계획하면서 그린벨트를 설치했다. 영국의 경우 그린벨트 확대는 대체로 녹지와 난개발 방지를 원하는 주민들의 요청에 의해 국가가 부응하는 형태로 이루어졌다. 프랑스는 파리-일 드 프랑스인 파리 대도시권에 그린벨트를 설치했는데, 그린벨트 전체면적의 약 48%인 680㎢가 농지여서 '그린 앤 옐로우 벨트'(green and yellow belt)라 불리기도 한다. 캐나다, 호주, 뉴질랜드 등의 그린벨트도 영국의 영향을 받아 영국과 유사하다. 그리고 네덜란드는 대도시 주변에, 러시아는 모스크바 주변에 그린벨트를 설치하고 있으며, 영국의 패턴과 유사하다. 일본은 그린벨트를 설치했다가 폐지한 나라다. 제2차 세계대전 후 도쿄 등 대도시에서 나타나는 무질서한 도시 확산을 억제하기 위해, 1956년에 '수도권정비법'을 제정해 그린벨트 개념인 근교지대를 설치했다. 그러나 개발압력에 굴복하여 1965년 '수도권정비법'을 개정해 그린벨트 격인 근교지대를 폐지한 후, 1968년에 시가화조정구역으로 바꿨다.

그린벨트 설치로 환경을 중시하는 세계의 흐름을 감안한다면, 우리나라도 이제는 '개발제한구역'이라는 소극적 관리론에서 벗어나, '친환경 벨트'라는 적극적 관리론으로 전환해야 할 때가 되었다고 판단된다.

균형발전을 위한 국토정책

2002년 대통령선거에서 수도권의 과밀을 해소하고 비수도권을 육성하여 국토균형발전을 도모하자는 균형발전론이 전면 등장하였다. 비수도권의 경제력 하락을 막고 비수도권의 재정자립도를 향상시키자는 균형정책은 비수도권에 세종시, 혁신도시, 기업도시 등 이른바 '균형발전 3도시'를 건설하는 결과를 낳았다. 균형발전론의 핵심논리는 비수도권 육성이다. 균형론에서는 수도권 인구집중으로 인력 및 하위 관리기능이 연쇄적으로 수도권에 집결하여 비수도권이 활력을 잃는다고 평가한다. 그리고 수도권에 인구와 산업, 중추관리기능이 집중되면서 교통혼잡, 환경오염, 물류비용의 증가, 주택난 및 토지가격의 상승, 도시주변지역의 난개발과 같은 과밀의 부작용이 나타난다고 진단한다. 균형론의 산물인 균형발전 3도시를 좀 더 검토해 보기로 한다.

첫째는 행정도시 세종시다. 2003년 참여정부가 추진한 신(新)행정수도는 2004년 10월 21일 위헌결정으로 중단되었다. 그 후 우여곡절을 거쳐 신(新)행정수도의 대안으로 행정도시가 되었다. 2030년 인구 50만 명 수용을 목표로 한 세종시는 서울에서 약 120㎞, 대전·청주에서 각 10㎞ 거리에 있다. 세종시는 환상형 도시공간구조로 건설되면서 교육환경, 문화 인프라, 교통체계, 친환경 도시 등을 지향한다. 그러나 세종시가 그 역할을 제대로 수행하기 위해서는 서울과 세종시로 2극화되어 있는 행정기능의 효율성 제고를 위한 특단의 조치가 요구되고, 인근 도시와의 광역권 형성으로 광역경제 활성화를 모색해야 하며, 행정중심 복합도시로서의 국제적 위상을 도모할 필요가 있다.

둘째는 혁신도시다. 혁신도시는 2003년 6월 12일 대구에서 개최된 국정과제 회의에서 수도권 과밀해소와 균형발전을 위해 공공기관 지방이전 추진방침을 발표한 이후 본격화되었다. 중앙-지방간 기본협약(2005.5) 및 정부-이전기관 노조(勞組) 간 노정협약

(2005.6.24)을 거쳐 국무회의에서 180개 수도권 소재 공공기관을 부산, 대구, 광주·전남, 울산, 강원, 충북, 전북, 경북, 경남, 제주 등의 비수도권의 혁신도시에 이전키로 한 것이다. 혁신도시는 혁신도시가 위치하는 각 지자체의 지원을 받아 상당한 진척을 이루고 있다.

셋째는 기업도시다. 기업도시는 2003년 10월 전국경제인연합회(全經聯)가 기업의 국내 투자부진과 고용축소에 대한 신성장동력 기제로서 기업도시 개발을 정부에 제안하면서 시작되었다. 이러한 제안은 2004년 6월 '기업도시개발특별법안'으로 발전해, 2005년 8월 무안, 충주, 원주, 태안, 영암·해남, 무주 등 6개 지역을 기업도시 시범사업지로 선정하였다. 기업도시는 혁신도시에 비해 발전의 속도가 느리다.

국토정책의 내일

국토정책의 특성

오늘날의 국토정책인 생활국토정책의 목표는 분명하다. 그것은 국민 한 사람 한 사람이 국토정책의 내용과 그 효과를 고스란히 피부로 느껴 삶의 질(quality of life)을 누리면서 행복해 하는 국토정책을 만드는 것이다. 국토정책에서 삶의 질을 중시한 논의는 활발하다. 2012년 10월 국토부 산하 6개 국책연구기관은 "지금은 국민 생활밀착형 국토정책을 펼쳐야 할 때"라고 진단하면서 '오늘의 국토정책은 국토성장의 과실이 평범한 보통사람에게 와 닿는 생활밀착형 국토정책으로 새롭게 정립되어야 한다'고 제시하였다. 이러한 논의는 오늘날의 '생활국토정책'과 자연스럽게 접목되고 있다고 판단된다. 그것은 생활국토정책이야말로 국민 한 사람 한 사람이 "아, 국가가 우리들 일상생활 속으로 파고 들어와 우리들 삶의 질을 높이고 있구나!"라고 느낄 수 있을 것이기 때문이다.

이런 관점에서 볼 때 생활국토정책은 무엇보다 정책집행자와 정책수혜자가 쌍방향 소통하면서 그 정책의 좋은 점을 직접 피부로 느끼게 해야 한다. 그러기 위해선 다음의 3가지 특성을 신중하게 고려할 필요가 있다.

첫째는 유연성(flexibility)이다. 국민 속에 살아 있는 생활국토정책이 되려면 정책입안자 및 집행자가 직접 국민 속으로 들어가야 한다. 책상 위에서 여러 자료를 중심으로 정책 구상을 하고, 이러한 정책을 펴면 국민들에게 도움이 될 것이라는 종래의 방식으로는 실효성을 거두기 어렵다. 시민들을 직접 만나고 함께 고민하고 함께 풀어나가려는 유연한 자세가 요구된다. 앞서 나간 서구사회의 경우, 시민들에게 직접 관계되는 국토정책을 펴고자 할 때는 시민들의 동의를 얻는 일에 상당한 정성을 기울인다. 노력의 양을 100%라고 본다면 시민들의 동의를 얻는 비율은 70~80% 정도나 된다.

둘째는 다양성(diversity)이다. 종래에는 대규모 국토건설이나 교통개발 등 주제가 너무 커 보통시민들은 그저 정책이 진행되는 것을 바라만보는 형국이었다. 그러나 생활국토정책은 특성상 주제가 아주 다양하고 상대적으로 작을 수 있다고 보인다. 간략히 표현해 본다면 '소주제 다양성'이다. 국토, 교통 등 전 분야에 걸쳐 이해관계를 가진 당사자가 시민 하나하나일 경우도 있기 때문에, 각자의 이해관계와 관심사에 따라 주제가 작고 그 종류가 무수하다. 따라서 소주제 다양성에 대응할 수 있는 다양한 전문가들이 있어야 생활국토정책을 성공시킬 수 있다.

셋째는 적시성(just in time)이다. 생활국토정책은 변화속도가 매우 빠르다. 정책의 수혜자가 다양하기 때문에 이쪽에서 도움이 되는 정책이 다른 곳에서는 당장 필요하지 않을 수 있다. 따라서 적정한 시간에 맞춰 시의적절하게 정책이 필요한 사람과 장소에 해당 정책이 공급되어야 한다. 제 아무리 뛰어나고 훌륭한 정책이라 하더라도 '바로 이때 여기에서' 필요하지 않으면 소용이 없게 된다.

국토정책의 패러다임

　그렇다면 생활국토정책에서 지향해야 할 정책 패러다임은 무엇이 있겠는가? 여기에서는 다음의 4가지 패러다임을 제안하고자 한다.

　첫째는 지속 가능한 열린 국토정책이다. 2010년대 우리나라는 대·내외적으로 괄목할 만한 국토공간 변화를 보여준다. 우리나라는 동북아 중심에 서서 세계 80여 개국과 자유무역 교류를 추진하는 열린 국토(open country)가 되고 있다. 자동차·전자제품 등을 중심으로 한 과학기술 제품은 세계 최고 수준의 우수 품목으로 전 세계로부터 주목받고 있다. 아시아권을 비롯해 여러 나라에서 우리나라를 최종 정착지로 해 이주해 온 다문화 시민이 거의 2백만 명에 이른다. 따라서 향후 우리나라는 과학기술 산업을 지속 가능하게 발전시키면서 교류 가능한 세계의 모든 국가와 국민들에게 열려 있는 선도국가가 되어야 할 시점에 와 있다고 판단된다.

　둘째는 친환경적인 푸른 국토정책이다. 우리나라는 1980년대 이후 국토 관리에서 환경적 요인이 중요 변수가 되었다. 여기에는 성숙한 시민의식과 이를 현실로 옮겨 국토 관리에 반영하자는 국민적 공감대가 뒷받침되고 있다. 국민들의 친환경 의식은 1992년 리우환경회의로 성숙되고, 김대중 정부 시절에 펼쳐진 '그린벨트

보전운동'에서 점화되었다. 노무현 정부 말기에는 환경을 국토계획에 연계시켜 함께 관리해 보자는 단계에 이르러 '국토환경관리정책조정위원회'가 구성된 바 있다. 세계적 추세로나 우리나라의 국토 관리의 흐름으로나 국토정책에서의 친환경적 패러다임은 가장 핵심적인 철학으로 자리매김했다고 보인다. 이를 위해서는 국토와 환경문제를 함께 다루는 '국토환경위원회'를 만들어 저탄소 푸른 생활국토를 연구하고 관리할 점을 제안한다.

셋째는 시민과 합의하는 소통 국토정책이다. 민주화의 핵심은 소통과 합의다. 국토 발전의 궁극적 목적은 시민들의 삶의 질 향상이다. 따라서 국토 관리는 처음부터 끝까지 시민들과 소통하면서 합의를 유도해 나가는 것이 원칙이다. 이러한 원칙을 구현하는 하나의 방법으로 시·도와 시·군·구 도시계획위원회에 시민대표 참여를 권장할 필요가 있다. 국토에 관한 제반 정보와 자료를 제공하고 시민참여 국토 만들기 행사를 장려하며 국토 순례와 각종 국토교육을 통해 국토 사랑하는 마음을 공유하도록 유도하여 소통과 합의를 도출해야 한다. 독일, 프랑스, 영국 등에서는 이미 오래 전부터 국토와 세계를 함께 보는 국토 철학교육을 실시하여 국민들과의 소통을 도모하고 있다.

넷째는 균형 발전하는 상생 국토정책이다. 국민들은 어디서나 골고루 잘 살아 함께 상생하는 나라를 희망한다. 수도권과 비수도권은 역할을 분담할 수 있다. 수도권은 물류·금융·정보화 기능을 맡고, 나머지 기능은 비수도권으로 이전하여 상생을 도모하는 것이 바람직하다.

수도권과 비수도권의 균형발전을 위한 제언

수도권은 서울시, 인천시, 경기도로 구성되어 있다. 수도권에 대해서는 두 가지 논리가 상존한다. 규제와 완화다. 비수도권에서는 수도권 규제를 강화하여 비수도권이 생산력을 가질 수 있도록 해야 한다고 주장한다. 수도권에서는 규제를 완화하여 수도권의 경쟁력을 높여야 한다고 역설한다. 제로 섬(zero-sum)적 사고다. 대한민국을 하나의 파이(pie)로 보고 양 지역이 서로 좀 더 많이 가져야 한다는 생각이다. 이러한 대립적 경쟁구도를 선순환적 공간 기제로 변환해 보자는 정책이 세종시, 혁신도시, 기업도시, 과학벨트 등이라고 이해한다. 비수도권에 역점을 둔 정책이다. 그러나 수도권에 대한 설득력 있는 대안은 아직 명료하지가 않다. 이에 수도권의 경쟁력과 관련해 두 가지 구상을 제안해 본다. 하나는 지역 특화의 논리 아래 수도권을 특화하자는 구상이다. 균형론의 기본 틀을 견지하면서 수도권과 비수도권이 각각 장점을 살릴 수 있도록 지역별 기능을 특화하는 것이다. 수도권은 물류, 금융, 정보화, R&D 기능을 특화한다. 서울과 경기도의 각 물류기지, 인천과 서

해안의 해외 물류기지를 확충 특화한다. 서울의 금융기능과 수도권의 정보화기능을 특화하여 세계적 수준으로 향상시키는 것이다. 대기업을 중심으로 전개되고 있는 R&D 기능을 대폭 확충 특화하면 수도권을 전 세계적 R&D 기능의 메카로 만들 수 있다. 다른 하나는 수도권에 창조문화와 환경을 조성하자는 구상이다. 오늘날은 하드웨어 중심의 무거운 시대에서 소프트웨어 병립의 부드러운 시대로 전환되고 있다. 수도권에는 창조적 활동을 할 수 있는 적지 않은 인력이 상존한다. 크고 작은 창조공간을 만들어 창조적 일을 갈망하는 창조적인 사람들에게 일할 수 있는 환경을 만들어 줄 시점이라고 판단된다. 이러한 패러다임의 변환적 에토스(ethos)는 부산·인천·대구·대전·광주 등 광역시와 전주·충주·춘천·원주·제천 등 비수도권 도시에서도 적용 가능하다.

'수도권 정비계획법'은 1982년 12월 법률 제3600호로 제정된 이후 1994년 1월 7일 법률 제4721호로 전문이 개정되었다. 동 법에서는 수도권을 과밀억제지역, 성장관리지역, 자연보전권역의 3개 권역으로 구분하여, 권역별로 산업입지, 대학과 대학원 신설 및 정원 제한, 공공청사 건립 제한, 대규모 개발사업 규모 제한 등의 규제를 가하고 있다. 수도권 정비계획법 제정 이후 33년이 지난 오늘날까지 이 법을 둘러싼 수도권과 비수도권과의 찬반 논란이 계속되고 있다. 하나는 수도권 정비계획법을 개정하자는 규제완화 찬성의 입장이다. 동 법의 취지처럼 "수도권을 막으면 비수도권이 발전하여 균형성장을 이룰 수 있다"는 논리는 33년이 지난 지금 현실에서 이루어지지 않고 있다고 주장한다. 수도권 규제로 수도권에 투자하려는 국내외 기업이 비수도권으로 가지 않고 여건이 좋은 외국으로 눈을 돌려, 수도권 특히 경기도가 낙후하고 있다고 호소한다. 다른 하나는 수도권 정비계획법을 고수하자는 규제완화 반대의 입장이다. 수도권에서의 기업 활동 규제를 완화할 경우 수도권으로의 쏠림현상이 가속화되어 지방은 더욱 황폐화될 수 있다고 토로한다. 이러한 현실적 상황을 고려한다면 비수도권은 각종 지원을 해서 성장을 도모하고, 수도권은 규제를 완화해서 경쟁력을 강화하는 이른바 '지속가능한 수도권관리법'(안)을 검토할 때가 되었다고 제안한다. 동 법에서는 지속 가능하고 친환경적이며 균형을 지향하는 정책원칙을 정한 후에 수도권과 비수도권의 상생 방안을 제시할 수 있다. 수도권의 성장관리권역을 더욱 키워 고도화하고 과밀억제권역은 R&D 등 고부가 가치산업이 입지할 수 있도록 규제를 대폭 줄이며 자연보전권역 특히 그린벨트는 더욱 강화하여 친환경성을 제고해 수도권 주민의 삶의 질을 담보하고, 반면 비수도권에는 지방자치 실현을 위한 과감한 재원확보 기능을 제공하고 세원을 이양하는 등 실질적 지방분권을 촉진해야 할 것이다.

07

메르스 사태를 계기로 돌아본
인수공통 감염병 대처의
현주소와 개선 방안

서건호

| 학력 |
- The University of Georgia 식품안전미생물학 박사
- 건국대학교 낙농미생물학 석사
- 건국대학교 낙농학 학사

| 경력 및 활동사항 |
- (현)건국대학교 수의학과교수
- US FDA(미국식품의약처)책임연구원
- US DA(미국농무부)연구원
- (현)식품의약품안전처식품위생심의위원
- (현)KU 식품안전건강연구소소장
- (현)한국축산식품학회정회원
- (현)IAFP Editorial Board
- (현)IFT 정회원

| 저서 및 논문 |
- 공동-공동저자 '식품위생학'
- 공동-공동저자 '환경위생학'
- 공동-주저자 '식중독 바이러스와 안전성'
- 공동-공동저자 '수의역학 및 인수공통전염병학'

서건호 | 건국대학교 수의과대학 교수

메르스 사태를 계기로 돌아본 인수공통 감염병 대처의 현주소와 개선 방안

인천공항 레드카펫과 우리나라 감염병 방역의 현실

해외 출장 후 기내 출구를 벗어나 게이트를 지날 때면 누구나 소독약으로 적셔진 레드카펫을 밟고 공항건물로 들어서게 된다. 조류인플루엔자와 구제역 방지용으로 농림축산검역본부에서 수 년 전부터 설치 운영하고 있는 발판소독매트이다. 이뿐만 아니라 입국심사대 진입 전에 열감지 카메라를 통과하게 되어 있다. 미국이나 유럽 등 선진국의 공항에서는 볼 수 없는 기상천외의 방역 시스템이라고 할 수 있다. 발판소독매트는 구제역 바이러스 등 인수공통전염병 유입 예방차원에서, 열감지 카메라는 신종플루 등 고열이 발생하는 전염병 환자들의 조기 격리 차원에서 설치된 것이다. 출장 후 공항 레드카펫을 지날 때마다 인수공통전염병에 대한 강의와 연구를 하고 있는 필자는 발판소독매트의 실효성을 의심했고 '전시행정'이란 단어가 뇌리에 자동적으로 떠오르는 것을 막을 수가 없었다. 이러한 철통 방역 시스템이 공항 등에 설치되어 운영되고 있음에도 불구하고 구제역과 조류인플루엔자로 인한 피해는 해마다 발생하고 있고 신종플루 대유행을 거쳐 급기야는 최근 메르스 사태를 맞고 말았다. 결국 방역 선진국에서도 찾아볼 수 없는 발판소독매트와 열감지 카메라 설치는 윗분들에게 열심히 일하고 있다는 것을 보여주기 위한 용도로는 그 역할을 충분히 하고 있을지는 몰라도 대유행 전염병 예방에는 아무런 효용이 없었음이 입증되었다. 우리나라 공항을 거쳐갈지도 모르는 전 세계 공중보건 전문가들에게는 방역후진국의 백태로 비칠지도 모른다. 이는 필시 전시행정에 그치는 우리나라 공직사회의 관행이 동물이나 사람의 생명과 직결되는 공중보건상의 문제에 맞닥뜨릴 때는 국가적인 대재앙을 불러일으킬 수 있다는 것을 암시한다. 따라서 본 글에서는 대유행 인수공통전염병 방역을 담당하는 공직사회의 문제점과 이를 개선해 나가야 하는 방향을 제시하고자 한다.

대유행 감염병과 인수(人獸)공통전염병

인수공통전염병이란 사람과 동물에서 모두 발견되는 병원체(바이러스, 세균, 기생충 등)가 동물로부터 사람에게 또는 그 반대로 사람에서 동물로 옮겨져 질병을 일으키는 전염병을 일컫는다. 결핵과 같이 사람과 동물 모두에게 중증의 질환을 일으키는 것, 구제역처럼 동물에게는 심각하지만 사람에는 경증인 것, 병원성 대장균 O157과 같이 소에게는 특별한 문제를 일으키지 않지만 사람에게는 치명적인 병원체들이 있다. 광견병(사람의 공수병), 흑사병, 황열 등 인류의 문명과 같이했던 질병부터 최근에 인류를 공포에 떨게 하고 있는 에볼라, 사스, 메르스 등의 신종 질병들까지 모두 인수공통전염병이다. 위 3가지 신종 질병 모두 박쥐가 원인 바이러스를 보유하고 있고 에볼라는 원숭이, 사스는 사향고양이, 메르스는 낙타와의 접촉을 통해 사람에게 전파되는 것으로 추정되고 있다. 현재까지 알려진 인수공통전염병은 300여 종에 달하고 있으며, 새롭게 등장하는 신종 전염병의 대부분이 인수공통전염병으로 밝혀지고 있다. 이러한 이유로 최근 전 세계 공중보건학 분야에서는 "One Health"라는 개념이 새롭게 도입되고 있다. "One Health"란 '하나의 건강'의 의미로 사람, 동물, 환경이 유기적으로 연결되어 있어서 지역사회, 개별국가, 전 세계의 인의(人醫), 수의(獸醫), 환경 분야 등에 종사하는 모든 공중보건 관련 전문가들의 통합적인 노력이 있어야만 인류를 포함한 전 지구적 건강을 보장할 수 있다는 개념이다. 이는 인류문명 발달로 인한 환경파괴나 기후변화가 최근 전 세계를 위협하고 있는 에볼라, 사스, 메르스와 같은 신종 인수공통전염병의 창궐과 무관하지 않다는 것을 인의나 수의 전문가들이 인식하기 시작했다는 것을 의미한다.

메르스 사태와 우리의 현주소

2015년 5월 20일 국내에서 첫 발견된 중동호흡기증후군, 메르스- 코로나바이러스로 인해 186명의 감염자와 36명의 사망자가 발생하였다. 메르스는 이미 2013년부터 사우디아라비아를 중심으로 중동지역에서 유행한 적이 있었지만, 국내에서 발견된 것은 이번이 처음으로 우리는 사우디아라비아에 이어 단숨에 세계 2위의 메르스 발생국이라는 오명을 얻게 되었다. 단순히 메르스 발생 규모만이 문제가 아니라 이로 인해 야기된 사회적인 혼란, 정부에 대한 불신 및 국내·외 여행객 감소로 인한 경제적인 피해 또한 막심한 것으로 추정되고 있다. 이전 신종플루 대유행 등 감염병이 가지고 있는 큰 파급효과를 알고 있었음에도 불구하고 계속되는 정부의 미숙한 대처는 현재 우리나라의 감염병 대처 수준의 현주소를 적나라하게 보여주는 것이다. 이러한 사태의 원인은 정부차원의 국가 공중보건 위기대응체계 미흡, 우리나라 민간 의료시스템의 전반적인 문제, 국민들에게 공포심을 유발하는 자극적인 미디어 등 여러 가지가 있지만 여기서는 정부 대처의 문제와 그 근본적인 원인에 대하여 집중적으로 다루고자 한다.

　감염병이 발생했을 때 현장에 나가서 전반적인 상황을 파악하고 초기대응을 하는 것을 역학조사라고 한다. 이번 메르스 사태에서도 우리나라는 메르스가 최초로 확진됨에 따라 역학조사 요원을 병원 및 현장으로 투입하여 초기대응을 하였다. 그런데 문제는 역학조사 요원들의 역학조사 결과보고서가 이후 대응 및 방향을 수정하는 데 어떻게 사용되었는지 명확하지가 않다. 이번 메르스 관련 국정조사에서도 역학조사 결과보고서의 공개에 대한 지적이 있었으나 결국 흐지부지되어 버렸다. 감염병이 발생했을 때 최초로 현장에 출동하여 실시한 역학조사를 바탕으로 역학전문가들이 모여서 그 초기조사 결과에 대해 주도면밀하게 평가하고 논의하여서 현장 추가조사시 어떠한 사항들을 중점적으로 다루어야 할 것이며 어떠한 조치들이 취해져야 할지에 대한 논의가 신속하게 이루어졌어야 한다. 그런데 이번 대응을 보면 이러한 것에 대한 정보공개가 전혀 되어 있지 않았으며 역학조사 결과를 놓고 누가 어떤 회의들을 했는지 명확하지가 않다. 오히려 국정조사에서 드러난 바와 같이 역학조사관들이 전형적인 공무원식으로 보고자료를 만드는 데 많은 시간과 에너지를 소모한 것으로 알려져 있다. 역학조사를 담당하고 있는 공중보건의들의 경우 대부분 전문의 출신으로 전문성에서는 문제삼을 것은 없으나, 문제는 이러한 소중한 현장경험을 한 사람들이 그들의 의무복무 이후, 즉 3년 후에는 아무도 정부기관에 남아 있지 않는다는 사실이다. 일례로 2009년 신종플루를 일선에서 경험했던 사람 중 남아 있는 사람은 단 한 명도 없다.

리스크 커뮤니케이션은 우리말로 풀어본다면 '위험 의사소통'이며 건강상의 위험이 될 수 있는 질병 등에 의한 위험의 정도에 대한 정보를 알려주는 과정을 의미한다. 실제 이러한 리스크 커뮤니케이션은 대부분 긴박한 응급상황에서 이루어지며, 대중들이 이성적인 판단을 할 수 없는 상황에서 제한된 정보로 대중들에게 정확한 정보를 제공해야 하기에 고도의 전문성을 요한다. 5월 20일에 처음으로 메르스환자가 확진되었을 때부터 질병관리본부에서는 이미 만반의 태세를 갖추고 있다고 국민을 안심시키려는 데 주력했다. 실제로 감염이 점차 확산세에 들어가자 감염자들이 병원을 통해서 다른 사람들을 감염시킬 가능성이 제기되었지만 기존 연구에서 메르스의 기초감염재생산지수(Basic Reproduction Number)값이 1보다 낮다는 기존의 제한된 연구에만 의존하여 전파력이 강하지 않다는 말만 되풀이했다. 확진자가 다녀갔던 병원 리스트를 공개하라는 국민의 거센 요구에도 반응하지 않았고 3차

감염 사례는 없다고 강조했지만 이 역시 틀린 것으로 판명났다. 지속적으로 잘못된 정보를 바탕으로 잘못된 판단을 내리고 막연히 정부를 믿고 따라 달라는 언론대응은 필요 이상의 혼란만 초래하였다.

일반인이 생각하는 공기전파는 말 그대로 직접적인 접촉이 아닌 물리적으로 떨어져 있는 상황에서 공기를 통하여 전파될 수 있는 경우를 통상 의미한다. 실제 감역역학에서는 전염병 감염경로로 크게 접촉감염, 비말감염, 공기감염으로 나눈다. 접촉감염이란 말 그대로 환자와 신체적, 물리적인 접촉을 할 경우 감염이 되는 경우를 의미하며 예로는 에이즈 등이 이에 해당된다. 비말감염의 경우 이에 더하여 환자가 기침, 재채기, 말할 때 등 발생하는 침방울을 통하여 1~2미터 내의 짧은 거리에서 전파되는 경우를 말한다. 메르스, 결핵 등이 비말감염에 해당된다고 볼 수 있다. 반면에 공기감염이란 에어로졸이라는 작은 입자를 통하여 물리적으로 먼 곳에 위치해 있는 경우에도 감염이 가능한 경우를 의미한다. 탄저균 등 건조 조건에 저항성이 높은 세균이나 바이러스의 감염경로가 여기에 해당된다. 즉, 일반인이 생각하는 공기전파란 사실 비말감염, 공기감염 두 가지를 모두 의미한다고 볼 수 있는데 실제 메르스바이러스는 공기감염이 아닌 비말감염에 해당하는 경우였기 때문에 정부는 공기전파는 아니라고 설명했지만 국민이 보기에는 환자와 직접 접촉하지 않은 사람들도 감염된 사실이 밝혀짐에 따라 정부에 대한 비난이 커졌고 결국 더 큰 혼란과 불신으로 이어졌다. 이렇게 일반인이 사용하는 용어의 특성이 실제 전문분야에서 어떠한 의미에 해당하고 어느 부분에서 오해의 소지가 있을 수 있는지에 대한 사전 준비 및 지식이 없었기에 정부의 대책과 발표에 대한 근거 없는 불신이 커졌던 것은 분명 아쉬운 대목이며 앞으로 반복되어서는 안 될 점이다.

감염병 대응 관련 정부 조직 및 구조의 문제점

현재 감염병 대응을 담당하고 있는 국가조직은 질병관리본부이다. 질병관리본부는 2003년 중국에서 중증급성호흡기증후군(일명 SARS)이 유행하면서 국립보건원에서 승격되어 출범했으며 본부장과 국립보건연구원장 아래 총 7개 센터와 41개 과로 구성되어 있다. 전국 항만에 위치해 있는 13개의 국립검역소 또한 여기에 속해 있다. 이 중에 감염병과 관련된 업무는 감염병관리센터, 질병예방센터 그리고 실험 및 연구를 담당하는 감염병센터 등에서 담당한다. 그 중에서 특히 공중보건 위기대응을 위하여 공중보건위기대응과가 별도로 설치되어 있다. 이러한 여러 조직을 갖추고 있음에도 불구하고 이번 메르스 대응이 실망스러웠던 이유를 짚어볼 필요가 있다.

현재 질병관리본부는 보건복지부의 소속기관으로 예산과 인사에 있어서 아무런 권한이 없는 조직으로, 국가적인 공중보건 위기상황에서는 현실적으로 본연의 역할을 감당할 수가 없게 되어 있다. 인력규모 면에서 현재 약 950명이 근무를 하고 있으나 이 중에 비정규직의 비율이 60%를 상회하여 실제적으로 긴급 재난상황이 발생하였을 경우 소수의 정규직에 과도한 업무가 편중되어 있다. 예산 또한 해마다 증가하고 있기는 하지만, 실제로 대부분의 예산은 국가예방접종 지원 등 몇 가지의 사업에 집중되어 있고, 실제 감염병 대응 및 관리 역량강화에 대한 예산은 극히 일부분에 불과하다. 뿐만 아니라 질병관리본부 자체 직원에 대한 역량강화와 연관된 예산은 전혀 보이지 않는다. 뿐만 아니라 다른 나라 공중보건 기관과의 국제적인 교류나 대응을 전담하는 부서가 전혀 없어 결국 정보 부족으로 인해 국내 긴급상황 대응에 있어서 명백한 한계가 드러날 수밖에 없다.

이러한 현실 속에서 질병관리본부가 국가적 감염병 유행상황에 적절하게 대응하는 것은 불가능하기 때문에 많은 외부단체에서 개선방안으로 제시한 바와 같이 본부를 청으로 승격해서 복지부로부터 독립시키는 등의 방법이 논의될 수는 있다. 그러나 이렇게 조직을 키우고 예산을 늘리는 것만을 능사로 볼 수는 없는 것이 얼마 전 창설된 재난안전처의 예를 참고할 필요가 있다. 재난안전처는 세월호 사고 이후 신규 부처로 창설되었으나 안전행정부 출신의 행정관료들이 헤쳐모여식으로 다시 배치되었기 때문에 재난대응에 대한 전문지식이 전무하며, 결국 이번 메르스 사태에서도 전혀 그 존재감을 찾을 수가 없었다. 결국 불필요한 세금 및 행정력의 낭비만 하고 있는 셈이 되었는데 이러한 실수를 되풀이하지 않기 위해서는 감염병 및 공중보건 위기대응 조직을 재난안전처와 같은 행정 관료조직으로 만드는 과오를 되풀이해서는 안 된다는 사실을 교훈삼아야 한다.

우리나라 공무원 조직의 근본적인 한계 및 문제점

조직이라는 하드웨어적인 측면 이외에 우리는 공무원 조직사회 안의 문화, 즉 소프트웨어에도 주목할 필요가 있다. 선진국을 포함해서 각국의 공무원 조직은 그 나름대로의 강점과 약점이 있다. 미국 USDA와 FDA 두 조직에서 9년간 연방공무원으로 일한 경험을 바탕으로 우리나라 공무원 조직의 근본적인 문제점을 파악해 보면 크게 3가지, 형식주의, 관료주의, 비전문가를 양산하는 인사체계로 요약할 수 있다.

먼저 공무원 사회에 뿌리 깊게 박혀 있는 형식주의란 실제 어떤 일을 수행함에 있어 능률과 효율은 뒷전이고 수많은 문서작업 및 소모적인 행정 일을 더 우선하여, 실제로 그 일 자체보다 수반되는 형식과 절차를 더 중시하는 것을 의미한다. 가뜩이나 부족한 인력에 전략적으로 일을 계획해서 수행하는 것이 아니라 사후에 감사 지적을 받지 않기 위해 면피용 문서 및 행정자료를 만드는 데 많은 에너지와 시간을 소비하기 때문에 정작 일 자체는 엉뚱한 방향으로 흐르는 경우가 많다. 이번 메르스 사태에서도 역학조사관들이 정작 현장에서 역학조사 본연의 업무에 집중하고 이에 수반되는 후속조치를 수행하는 것이 아니라, 상부에 보고할 자료를 만드는 데 많은 시간을 소모했을 가능성이 크다. 상부 보고에 필요한 수치 집계 및 보고자료는 행정지원인력을 신속하게 파견하여 대응하고, 역학조사관들은 본연의 업무에 집중할 수 있게 조치하였다면 이렇게까지 많은 환자가 감염되지는 않았을 것이다.

다음으로 관료주의 문제다. 관료체계의 사전적인 의미는 '조직의 공정성, 합리성, 효율성을 기할 수 있도록 위계적 질서를 형성하고 있는 전문적 관료들의 체계'이지만, 관료주의라 하면 이러한 체계 속에서 발생하는 다양한 부작용을 가리킨다. 관료주의의 가장 큰 문제점은 조직 구성원들이 창의적인 사고를 할 수 없게 되고 능력과 잠재력을 발휘할 수 없다는 데 있다. 상명하복의 체제 속에서 규정과 절차만을 중시하고 상사의 눈치만 볼 수밖에 없는 문화가 공무원 사회에 팽배해 있다. 이번 메르스 사태와 같이 제한된

정보만으로 신종감염병에 대응을 해야 하는 경우 가장 중요한 것
은 초기 현장대응을 했던 역학조사관의 현장의 목소리에 귀를 기
울여야 하는데, 정작 이들의 의견을 얼마나 경청했는지 의문이다.
단순히 직급상의 이유로 의견이 무시되고 받아들여지지 않았을
가능성이 높다고 생각되며, 결국 전근대적이고 폐쇄적인 관료주
의로 인한 불통으로 야기되는 피해는 국민들에게 고스란히 전가
되었다. 또한 메르스와 같은 신종감염병의 경우, 조직 내 다양한
전문성을 가진 인력들의 의견을 수렴하고 모든 가능성을 염두에
두고 접근해야 하는데 메르스 발생 초기에 질병관리본부 조직 내
에서 어떠한 의사소통이 오갔는지 점검해 볼 필요가 있다. 기존 공
무원 조직의 운영방식을 생각했을 때, 여러 의견을 제시할 수 있는
환경은 아니었을 가능성이 크고, 설사 의견을 제시했다 하더라도
직급상의 이유 또는 정치적인 이유로 반영이 안 되었을 가능성이
매우 크다.

　끝으로 비전문가를 양산하는 인사체계와 관련하여, 행정을 담당
하는 행정직 공무원의 경우 업무의 특성상 다양한 업무를 경험하
고 행정절차를 익히는 것이 중요하고 특히 감염병 대응과 같은 고
도의 전문성을 요구하는 분야에서 근무하는 연구직 공무원의 경우
에는 한 분야에서 오랜 시간 근무할 수 있는 여건이 주어져야 한
다. 또한 불필요한 행정절차와 소모적인 문서업무를 최소화하여

연구직이 본연의 전공을 살려서 연구할 수 있는 환경을 만들어주어야 한다. 그렇지만 현재 연구직 공무원의 경우 전공, 경력, 경험 등은 전혀 고려되지 않고 인사정원에 따라 인사배치되고 있다. 사정이 이렇다 보니 결국 어느 한 분야의 전문가가 채용된다 하더라도 그 업무 관련 정원이 비어 있지 않으면 본인의 전공과 무관한 전혀 다른 분야로 배치되기 일쑤이다. 또한 매 2~3년마다 인사이동을 하는 순환보직체계로는 한 분야에 충분한 경험을 쌓을 시간이 없게 된다. 순환보직제를 운영함으로써 비리가 생길 소지를 차단하는 효과는 있을지 모르나 잦은 업무교체로 인한 공무원의 비전문화는 국가적인 차원에서 심각한 손실임이 분명하다. 또한 일 자체에 열정이 있어서라기보다는 해당 업무를 통한 승진이 주목적이 되다 보니 보여주기식, 겉치레식으로 일을 처리하게 된다.

이러한 열악한 환경 속에서는 참신한 인재들이 선발된다 하더라도 행정절차에만 능숙해지는 행정관료로 점점 변질되어 가게 된다. 결국 어느 한 분야도 정확히 알지 못하면서 상사의 눈에 보기 좋은 그럴싸한 보고서를 만드는 것 이외에는 아무 것도 하지 못하는, 승진과 안정 외에 다른 생각이 없는, 속칭 말하는 영혼 없는 철밥통 공무원이 되고 마는 것이다. 이와 같이 일반 국민의 상식으로서는 도저히 이해할 수 없는 일들이 정부조직에서는 일상화되어 있는데 이러한 본질적인 문제를 개선하기 전에는 어떠한 개혁도 수박겉핥기에 그칠 공산이 크다. 정확한 통계는 없지만 창의적인 젊은 인재들은 이러한 폐쇄적이고 비합리적이고 비효율적인 조직 문화에 적응하기보다는 본인의 전문성을 살릴 수 있는 자유로운 환경으로 눈을 돌리기 마련이다. 이렇게 공무원 조직이 기존인력을 잘 양성하지도 않고 좋은 인재들이 들어 오지도 않는 조직으로 계속 전락해 버린다면 결국 이번 메르스 사태에서처럼 직접적인 피해는 고스란히 국민들이 입게 된다.

얼마 전 미국 백악관에서 찍은 사진 한 장이 이슈가 된 적이 있었다. 백악관에서 오바마 대통령과 힐러리 국무장관 등이 구석에 쪼그려 앉아 있고 중앙에는 별 한 개를 어깨에 달고 있는 군인으로 보이는 사람이 앉아서 상황을 지시하는 사진이었다. 바로 미국의 오랜 앙숙인 알카에다의 지휘자 빈 라덴을 사살하는 작전을 지휘하는 모습이었다. 능률과 효율을 최우선으로 하는 미국이 왜 진정한 강대국인지를 볼 수 있는 모습이었다. 이러한 상황이 우리나라라면 어땠을지 한번 생각해본다면 벌써 속이 답답해진다. 우리가 미디어를 통해 본 정부의 대응은 세월호 사건뿐만 아니라 메르스 대응에서도 전혀 변한 것이 없었다. 상황실이라고 차려놓은 곳에서 중앙에 대통령을 필두로 장관과 온갖 고위직 공무원들이 겨자색 점퍼를 입고 둘러 앉아 마치 엉성한 각본을 읽어 내려가듯 의미 없는 발언들을 쏟아내는 모습이야말로 작금의 우리 대한민국 정부의 현실이다. 자기 입맛에 맞는 깔끔한 보고서와 문서에 길들여진 고위직 공무원들이 둘러 앉아서 대통령의 눈치나 보면서 과연 얼마나 효율적으로 공중보건 위기대응을 해낼 수 있을지 진정 의심스럽다. 의사인 질병관리본부장이 연금전문가인 복지부장관과 복지전문가인 복지부차관을 설득하는 데 많은 시간이 소요됨에 따라 사태가 걷잡을 수 없이 커졌고, 결국 외부 전문가를 상황본부에 투입하여 막대한 권한을 주는 파격적인 조치를 하였지만 이런 땜질식 조치가 앞으로 발생할 공중보건 위기 상황에서 반복되지 않는다는 보장이 없다는 것이 가장 심각한 문제이다.

선진국의 감염병 관리체계와 대응방식

미국질병통제예방센터(US CDC, Center for Disase Control and Prevention in the U.S.)는 미국 연방정부기관으로서 단순히 미국뿐만 아니라 전 세계에서 일어나는 질병을 관리하는 세계 최고의 공중보건기관이다. 이 기관의 핵심 훈련 과정으로 꼽히는 EIS(Epidemic Intelligence Service) 프로그램은 1951년부터 시작된 오랜 역사를 자랑하는 교육과정이다. 의사, 수의사, 약사, 역학전공자 등 역량 있는 전문가를 모집하여 체계적이고 유연한 교육 운영으로 전문 역학조사관을 양성하는 프로그램으로써 1950년부터 2005년까지 전 세계 131개 국가에서 현장 조사를 총 462회나 수행하였다. 이러한 노하우를 통하여 해외에서 발생한 감염병이 국내에 유입되기 이전에 미국은 이미 그 감염병에 대한 많은 정보와 노하우를 수집하게 되며, 이를 통해 신종감염병이 발생하더라도 즉각 대응할 수 있게 되는 것이다. 내부 인력에 대한 교육, 훈련뿐만 아니라 해외 여러 나라에 별도로 본부를 설치하여 각 나라에서 발생하는 질병에 대한 집중적인 모니터링을 실시하고 있다. 한 예로 이번 서아프리카에서 발생한 에볼라바이러스에 대한 현장 경험을 쌓기 위해 미국 CDC는 모든 EIS 교육생들을 의무적으로 서아프리카에 일정기간 파견하였다. 이같은 파격적인 사전 준비를 통하여 미국은 에볼라바이러스 환자가 미국 내로 유입되었음에도 불구하고 차분한 언론대응과 철저한 대응으로 추가확산을 2명으로 최소화할 수 있었다. 이러한 시스템 이외에도 미국 질병통제예방센터에는 한 분야에서 20~30년 동안 근무한 인력들이 다수이며 외부의 그 어떤 인력보다 전문성을 지니고 있다. 개개인이 가지고 있는 역량과 관심사를 정확하게 파악하고 그 사람들이 전문성을 키우도록 지원해 주며 필요시 적재적소에 배치하는 인사관리체계가 있기에 우수한 인재들이 양성되고 이러한 인재들을 바탕으로 미국 CDC는 공중보건 분야에서 타의 추종을 불허하는 세계 최고의 기관으로 자리잡은 것이다. 이 외에도 유수한 글로벌 전문가들이 미국질병통제예방센터의 인프라를 방문하여 다양한 연구를 수행하고 그 연구결과를 서로 활용하는 윈·윈 관계를 형성하고 있다. 또한 해외 각 나라의 인재들을 훈련시켜 그 인력들이 나중에 본국으로 돌아갔을 때 감염병 위기대응의 주축 역할을 함으로써 실제로 그 네트워크와 영향력은 막강하다고 볼 수 있다.

감염병으로 인한 공중보건 위기대응에 필요한 의사소통과 정보체계의 현황

현재 우리나라 미디어의 자극적이고 원초적인 공포심을 유발하는 보도 문화와 본인이 탐정이라고 착각하는 기자들의 행태를 감안할 때, 정확한 정보를 적시에 제공하는 것은 공중보건 위기대응에서 무엇보다 중요하다. 이런 관점에서 리스크 커뮤니케이션 전문가의 양성이 필요하다. 현재 질병관리본부 조직은 언론대응 부서가 별도로 없으며 감염병관리과장 한 명이 언론대응을 담당하고 있는데, 이러한 상황에서는 효과적인 의사소통이 이루어지기 어렵다. 그렇다고 단순히 언론대응 부서를 만들어 놓고 인력을 배치한다고 해결될 문제가 아니고 리스크 커뮤니케이션을 체계적으로 배운 전문가를 채용하거나 기존 인력 중 리스크 커뮤니케이션의 중요성을 알고 배우고자 하는 사람을 대상으로 체계적으로 훈련을 시켜야 한다.

또 다른 한편, 우리나라가 지금처럼 외국에서 발생하는 신종감염병에 대해 다른 국가들의 보고서나 논문만 참조해서 대응방향을 정하는 것은 너무 제한된 정보에 의존하는 것으로 향후에도 문제가 발생할 여지가 충분히 있다. 많은 나라들이 사용하고 있는 웹기반 국제 감염병 감시체계를 더 확대해서 운영할 필요가 있으며 외국에서 감염병 발생시, 적극적으로 인력과 예산을 투입하여 노하우를 쌓아야 하며, 이러한 위험과 도전들을 감당해낼 수 있는 열정과 능력이 있는 인재들을 양성해야 한다. 얼마 전 서아프리카에서 발생한 에볼라 대응을 위하여 의료진을 세 차례 파견한 것과 역학조사관을 파견한 것은 국위선양을 위해서도 현명하고 좋은 일이었지만 이러한 시도가 일회성, 이벤트성으로 끝날 것이 아니라 이들의 경험과 노하우를 잘 활용하고 지속적인 파견을 통해 다양한 정보를 사전에 수집해서 집적해 두는 것이 중요하다. 또한 국제적인 감염병 대응에 있어서 국가 간의 교류는 정치·외교상의 복잡한 이해관계로 인하여 정보 교류의 속도가 매우 느려지기가 십상이다. 그렇기 때문에 평소 현장경험이 풍부한 NGO들과 협력체계를 구축하여 이들의 노하우를 전수받고, 직원들을 해외에 파견하여 정보를 수집하게 하는 등 다양한 노력이 필요하다.

우리나라 감염병 관리와 위기대응 정책의 방향성과 추진전략

　인사가 만사라는 말은 예나 지금이나 마찬가지이다. 질병관리본부의 인사권과 예산권을 상급관료기관인 복지부로부터 일단 독립시키는 것이 우선적으로 이루어져야 한다. 다음으로 체계적인 시스템을 갖추고 충분한 예산지원이 이루어져야 하며, 이와 더불어 우선시되는 정책적 접근은 공무원 조직 내에서 감염병 관련 전문가를 양성해야 하는 것이다. 외부 전문가의 경우 아무래도 여러 가지 주변 이해관계 때문에 의사결정시 편향된 결정을 내릴 수가 있기 때문에 공무원 내부조직에서, 특히 정부 부처 안에서 전문인력을 양성해 내야 한다. 그렇지 않을 경우 이번 메르스 사태에서 본 바와 같이 공중보건 위기대응 상황이 외부 전문가 간의 알력다툼의 장으로 변질되어 버리는 것을 막을 수 없기 때문이다. 그리고 애써서 전문가를 양성한다 할지라도 이러한 전문가들이 공무원 조직 특유의 보고문화 및 행정업무에 에너지를 낭비한다면 결국 아무런 소용이 없는 꼴이 된다. 현재 질병관리본부 및 관련 조직에서 수행되는 많은 불필요한 보고나 행정업무를 과감하게 단순화 간소화시켜야 하며 감사 대비용 문서작업들을 대폭 축소시켜야 한다. 그렇게 해서 구성원들이 생각하고 고민할 수 있는 환경과 자유롭게 의사를 표시할 수 있는 문화를 만들어야 한다.

또한 국가적 수준의 감염병 관리 및 대응 역량강화를 위해서는 기존 인력의 재평가가 시급하다. 현재 감염병 관련 업무를 맡고 있는 인력들의 전공, 경험, 역량과 본인의 관심사 등을 개인 별로 철저하게 분석하여 위기상황시 가장 최적의 인력을 적재적소에 배치할 수 있도록 해야 한다. 기존 공무원 인사 방식대로 무작위로 엉뚱한 인력을 배치한다거나 규정에 얽매여서 사후에 감사지적을 받지 않기 위한 조치에만 급급하다 보면 제2, 제3의 메르스는 계속해서 발생할 것이며 그때마다 무고한 국민들이 결국 피해를 보게 될 것이 자명하다. 현재 인사혁신처가 생긴 이후 다양한 시도를 하고 있으나 결국 본질을 건드리지 못하고 겉만 그럴싸하게 공무원 특유의 문서놀음에 그치지 않을까 우려된다. 정말 핵심적인 문제에 초점을 맞추어 문제해결을 주도해야 한다.

이와 더불어 공무원 조직의 근본적인 문제를 고치기 위해서는 먼저 감사원의 감사방식을 원천적으로 개편해야 한다. 행정편의주의와 문서주의에 입각한 기존의 감사방식에서 벗어나 외부 전문가 참여를 통한 문제해결형 감사에 치중해야 한다. 또한 비리 등이 밝혀지는 경우 이전보다 더 강하게 징벌을 가하는 방식으로 능률과 효율을 중시하고, 부정부패는 더 엄격하게 다스리는 감사방식이 필요하다. 지금의 공무원 사회는 문제가 발견되면 그것을 개선하는데 집중하는 것이 아니라 자기가 책임을 지지 않기 위해서 상처를 숨기고 문제 없는 것처럼 위장하는 데 급급한 모양새를 보이고 있다. 이렇게 되면 문제들이 쌓이게 되어 결정적인 순간이 왔을 때 곪아 터지게 되고 외부로 드러나서 더 많은 합병증과 후유증을 초래하게 된다. 이러한 잘못된 문화를 바꾸기 위해서는 문제를 발견해서 개선하는 것에 대한 보상을 강화하고 의도적인 은폐가 아닌한, 문제를 발견하지 못한 것에 대한 불이익을 최소화해서 문제를 드러내기를 꺼리는 폐쇄적인 문화를 완전히 바꿔야 한다. 어떠한 사람도 실수를 경험하지 않고 진정한 전문가가 될 수는 없다. 작은 실수에 대해서도 책임을 묻고 징계를 하는 지금 방식으로는 공무원들이 창의적, 선제적으로 일하기보다는 보수적, 수동적으로 업무에 임할 수밖에 없게 된다.

어느 국가나 공무원 조직은 외부 사회가 변화하는 것에 비해 변화의 속도가 훨씬 느린 경향이 있다. 따라서 외부 전문가가 질병관리본부에서 2~3년 동안 자유롭게 근무할 수 있는 환경을 만들고, 이를 통해 시시각각 변화하는 공중보건 위기 상황 및 감염병에 항시 대응할 수 있는 준비된 기관을 만드는 것이 필요하다. 또한 외국과의 네트워크 구축 차원에서 중국, 일본 같은 주변국뿐만 아니라, 남미 동남아 아프리카와 같은 개발도상국에 있는 인력들을 교육 양성함으로써 네트워크를 구축하는 것이 앞으로 전 세계 어느 지역에서 어떻게 유행할지 모르는 다양한 감염병으로부터의 위협에 대한 유효한 예방대책이 될 것이다. 이렇듯 국가 감염병 대응의 수준을 높이기 위해서는 조직과 체계를 개편하는 것은 물론, 내부인력 양성과 공무원 사회 전반에 뿌리박힌 고질적인 병폐를 개선하는 것이 동시에 이루어져야 하며 이러한 뼈를 깎는 노력을 통해 국민들이 믿을 수 있는 기관으로 거듭나야 한다. 국민들이 질병관리본부 공무원들에게 기대하는 모습은 국민들을 감염병의 위협으로부터 지키겠다는 사명감으로 가득 찬 역량 있는 전문가의 모습이다. 정부는 열정 있는 공무원들이 주도적으로 일할 수 있는 환경을 만들어 가야 한다.

"One Health 포럼" 제안

사람 질병의 치료는 당연히 의사가 담당해야 한다. 하지만 질병예방과 관계되는 공중보건은 인수공통전염병의 예와 같이 의사들의 노력만으로는 한계가 있다. 미국 등 선진국을 중심으로 'One Health'라는 개념이 2011년부터 본격적으로 등장하기 시작한 것도 이러한 이유다. One Health 개념의 핵심은 사람, 동물, 환경 등 다양한 분야 전문가들의 통합적인 노력이 대재앙 감염병의 예방을 위해 반드시 필요하다는 것이다. 이를 위해 정부는 감염병 관련 다학제 분야의 전문가들이 각 분야의 정보를 함께 공유하며 공통분

모를 찾아 종합적인 대처방안을 수립하고 지속적으로 현 대응체계를 개선, 발전시킬 수 있는 장을 마련해 주어야 한다. 에볼라바이러스는 과일박쥐를 통해 감염된 야생 원숭이를 포획해서 섭취하는 과정에서 아프리카 원주민에 전파된 것으로 추정된다. 맨손으로 시체를 취급하는 장례의식과 열악한 병원 환경에서 보호장비 없이 치료하는 과정에서 급속도로 이 질병이 전파된 것이다. 에볼라바이러스의 예에서 보듯 인수공통감염병의 근절을 위해서는 그 감염이 발생하는 환경에 대한 종합적인 접근 및 연구가 필요한바, 이를 위해서는 의사, 수의사, 간호사, 약사, 환경과학자, 식품안전학자, 역학연구자 등 다양한 분야의 전문가들의 협력이 요구된다. 따라서 향후 보건당국에서는 다부처 간뿐만 아니라 다학제 간 감염병 대응 포럼 형식의 자리를 지속적으로 마련해야 할 것이다.

08

전환기의 동아시아와 지속 성장
- 한국·대만·싱가폴의 비교 -

신장섭

| 학력 |
- 서울대학교 경제학과 졸업

| 경력 및 활동사항 |
- 매일경제신문 기자
- 영국 캠브리지대학 경제학 박사
- 매일경제신문 경제부차장, 논설위원
- 싱가폴 국립대학 경제학 교수
- 기획재정부 장관 자문관(비상근 2008~2009)

| 저서 및 논문 |
- The Global Financial Crisis and the Korean Economy (2014, Routledge)
- The Economics of the Latecomers: Catching-Up
- Technology Transfer and Institutions (1996, Routledge)
- Restructuring Korea, Inc.
  (2003, Routledge 공저, 한국주식회사의 구조조정-무엇이 문제인가, 2004, 창비 번역출간)
- 삼성반도체 세계1등 비결의 해부(2006)
- 한국 경제, 패러다임을 바꿔라(2008)
- 금융전쟁, 한국경제의 기회와 위험(2009)

신장섭 | 싱가폴 국립대학 경제학 교수

전환기의 동아시아와 지속 성장
- 한국·대만·싱가폴의 비교 -

동아시아의 4마리 호랑이

이 글은 '동아시아의 호랑이'로 불리던 한국, 대만, 싱가폴이 어떤 과정을 통해 경제기적을 달성했고, 그 역사적 경로에 비추어 볼 때에 이행에 대해 어떤 과제를 안고 있는지, 이들을 종합해 볼 때에 어떤 교훈을 얻을 수 있는지 등을 다룬다. '4마리 호랑이' 중 홍콩은 이 글에서 제외한다. 처음부터 국가였던 적이 없었기 때문이다. 영국 식민지였다가 중국의 도시로 반환됐을 뿐이다. 나름대로 체제전환 과제를 안고 있지만 국가라는 성격이 없기 때문에 다른 호랑이들과 동일

선상에서 비교하기 어렵다. 한국과 대만, 싱가폴은 비슷한 시기에 개발도상국으로 출발해서 경제기적을 일궜다. 그 과정에서 권위주의적인 정치체제가 유지됐다는 공통점도 갖고 있다. 물론 대만은 중국의 압력 때문에 국제무대에서 국가로 인정받지 못하고 있다. 그러나 70년 가까이 내부의 정치·경제를 독자적으로 결정해 왔다는 점에서 정치·경제 분석에 있어서는 국가에 준하는 위치를 부여할 수 있다.

이 글이 특히 관심을 두는 것은 각 시스템이 나름대로의 장·단점을 갖고 있고, 시스템 이행 과정에서 이 장·단점이 서로 다른 형태로 나타난다는 점이다. 일국적 시각을 가진 분석들은 필자들의 성향에 따라 개별 국가의 장점이나 단점을 지나치게 부각하는 경향이 있다. 비교 분석은 이 같은 경향을 완화시켜 주는 역할을 할 수 있다. 물론 각 나라들이 앞으로 어떻게 해야 하는지에 대한 실천적 대안까지 내놓기 위해서는 내부 문제들에 대한 깊이 있는 성찰이 따라야 한다. 그러나 비교분석은 보다 객관적이고 현실성있는 대안을 내놓기 위한 정지작업이 될 수 있다. 이 글은 이를 위한 시론(試論)이라고 할 수 있다.

동아시아의 경제기적과 서로 다른 모델

한국과 대만, 싱가폴은 수출주도로 경제기적을 이루었다는 공통점을 갖고 있다. 중남미 국가들이 내수 위주로 수입대체 산업화를 추진했던 것과 차별된다. 세 나라들은 또 발전국가(developmental state)에 의해 경제발전을 일궜다는 공통점을 갖고 있다. 정부가 경제에 적극 개입하고 시스템을 만들어 나갔다. 그렇지만 그 구체적인 모델은 서로 차이를 보인다. 서로 다른 모델이 비슷한 성공을 갖고 왔지만 모델의 차이는 경제기적 이후의 이행에서 서로 다른 양태의 도전을 불러왔다.

한국은 세 나라 중 가장 민족주의적 모델을 채택했다. 박정희 대통령 본인이 민족주의적 성향을 강하게 갖고 있었기 때문이기도 했고 일본의 경제성장 모델을 가장 근접하게 따라했기 때문이기도 하다. 산업정책의 초점은 국제경쟁력을 갖춘 내국기업 육성에 두었다. 외국기업들의 직접 투자는 최소화하고 필요한 자금은 외채를 들여오거나 국내 은행들을 통해 조달했다. 국영기업도 일부 있었지만 민간기업들이 산업발전의 주역을 담당했고, 정부는 이들을 밀어주었다.

내국기업들 중에서는 대기업 중심으로 산업화가 진행됐다. 수출을 늘리기 위해 값싼 임금을 활용한 조립생산에 먼저 치중했다. 일본의 경우는 조립생산을 하더라도 주변에 발전된 나라가 없었기 때문에 부품을 공급하는 중소기업들도 함께 성장시켜야 했다. 반면 한국은 일본의 후발주자로 조립수출에 나섰기 때문에 다른 패턴을 보였다. 국내 중소기업들의 기술이나 생산능력이 발달할 때까지 기다리기보다 일본의 부품과 기계를 들여오는 것이 수출품의 경쟁력을 확보하는 데 더 좋았다. 그 결과 한국은 일본으로부터 중간재를 들여와 다른 선진국에 수출하는 구조가 정착됐고 국내 중소기업들의 발전이 상대적으로 더딜 수밖에 없었다.

한국의 대기업 위주 체제는 1970년대에 중화학 산업화가 추진되면서 더 강화되었다. 중화학산업화에는 정치·경제적 요인이 복합적으로 작용했다. 월남에서의 미군 철수가 가시화되고, 푸에블로 사건 등을 통해 미국의 한반도 방어 의지가 의문시되면서 군수산업을 떠받칠 중화학산업 육성이 시급해졌다. 또 1960년대 경공업 수출에는 성공했지만 경상수지적자 문제에 봉착하면서 고부가가치 산업으로의 전환이라는 과제가 동시에 닥쳐 왔다. 이 기간에 대기업들은 중화학산업의 담당자로서 한국경제의 주축이 되었다.

(그림 1)은 한국의 민족주의적 발전모델을 요약한 것이다. 정부는 산업정책을 통해 수출확대와 산업구조 고도화를 강하게 밀어부쳤다. 국책은행을 통하여 금융을 산업정책 수단으로 많이 사용했다. 대기업들은 금융기관을 통해 자금을 조달하고 비즈니스 그룹구조를 통해 레버리지(leverage)를 추가로 활용했다. 외국자본이나 중소기업들의 역할은 상대적으로 주변화됐다.

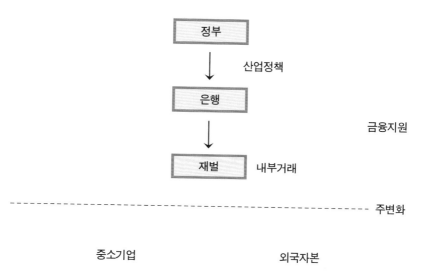

그림 1. 한국의 민족주의적 모델

정부

↓ 산업정책

은행

금융지원

↓

재벌 내부거래

--- 주변화

중소기업   외국자본

　한국과 비교할 때에 싱가폴은 가장 국제주의적인 발전모델을 채
택했다. 싱가폴은 원래 말레이시아 연방에 합류하면서 중남미 국가
들과 마찬가지로 내수시장과 천연자원을 활용한 수입대체 공업화
를 추진했다. 현재 다국적기업 투자유치를 담당하는 정부기관의 대
명사로 되어 있는 싱가폴 경제개발(EDB, Economic Development
Board)이 첫번째로 만든 경제개발 시안은 수입대체 공업화였다.
그러나 1965년 말레이시아 연방에서 축출된 뒤 싱가폴은 국제적
모델을 택할 수 밖에 없었다. 인구가 200만 명에도 못 미치는 상황

에서 내수시장이라고 할 것이 없었다. 산업화를 끌고 갈 토착 자본가 세력도 없었다.

한편 주변국인 말레이시아, 인도네시아와 적대적 관계였기 때문에 이들로부터의 안보 위협도 차단해야 했다. 실제로 싱가폴은 회교도의 바다에 떠 있는 화교(華僑)의 섬이라고 할 수 있다. 다른 동남아 국가에서는 화교가 경제력은 갖고 있지만 정치권력은 잡고 있지 못하다. 반(反)화교 정서 때문에 정치적 불안 등이 생기면 화교박해가 벌어지곤 했다. 싱가폴은 화교가 정치권력과 경제권력을 동시에 장악한 유일한 동남아 국가이다. 이런 상황에서 다국적기업들을 끌어들이는 것은 싱가폴에게 경제 문제와 안보 문제를 동시에 해결하는 수단이었다. 싱가폴은 다국적기업 투자유치를 할 수 있는 유리한 여건도 갖추고 있었다. 영국 식민지 시대부터 이미 동남아의 허브로서의 기능을 하면서 다민족 문화가 정착되어 있었고, 영어를 공용어로 사용했다. 금융활동과 교역을 위한 인프라도 동남아에서는 가장 잘 갖춰져 있었다.

한국이 택한 민족주의적 모델은 선진국, 특히 일본 기업과의 경쟁을 염두에 두고 만들어진 것이었다. 수출을 늘리는 가운데 선진국에서 수입하던 물품들을 국내생산으로 대체해 나간다는 목표였다. 그래서 경제개발 5개년 계획에는 '자립경제'라는 말이 항상 들어갔다. 이런 면에서 한국이 택한 모델은 '대체모델'(substituting model)이라고 할 수 있다. 반면 싱가폴 모델은 선진국이 제공하는 보완관계를 활용해서 경제발전을 도모하는 '보완모델' (complementing model)이라고 할 수 있다.

대체모델에서는 내국기업의 소유권을 유지하며 기술역량과 브랜드를 만들어 나가기 위해 많은 투자가 필요하고 이에 따르는 자본조달 메카니즘 구축이 중요하다. 반면 보완모델에서는 자본조달이나 기술개발에 대해 처음에 크게 신경쓸 필요가 없다. 다국적기업들이 자체 자금이나 신용을 활용하거나 자신들이 갖고 있는 기술력으로 공장을 짓기 때문이다. 싱가폴이 이렇게 보완모델을 택한 것은 소규모 도시국가였기 때문에 가능했다는 점을 부인할 수 없다. 한국과 같은 중규모 국가는 다국적기업 투자유치만으로 고용과 성장을 달성하는 것을 기대하기 어려웠다.

한 가지 간과하지 말아야 할 사실은 싱가폴조차도 다국적기업 투자만으로는 경제발전을 다 해결할 수 없었다는 점이다. 다국적기업들은 관심이 없었지만, 싱가폴 입장에서는 전략적으로 중요하거나 고용창출을 위해 발전시켜야 하는 부문이 있었다. 싱가폴은 이를 국영기업을 통해 발전시켰다. 한국이 일제의 적산(敵産)을 민간에 불하(拂下)했던 것과 달리, 싱가폴은 영국의 적산을 대부분 정부가 인수했다. 그리고 정유, 수리조선 등의 산업은 국영기업을 통해 키워나갔다.

그 결과 만들어진 싱가폴의 국제주의적 모델은 (그림2)로 표현할 수 있다. 정부가 경제정책 틀을 잡고 산업화를 주도했다. 다국적기업 유치에 주력했고, 나머지 분야는 국영기업을 통해 발전시켰다. 다국적기업과 국영기업은 싱가폴 모델의 두 축이다. 중소기업들은 다국적기업이나 국영기업의 하청업체로 성장했다.

한국이나 싱가폴과 비교할 때에 대만은 준(準)국제주의 모델을 택했다고 할 수 있다. 1950년대에 대만은 수입대체 공업화를 추진했다. 국민당이 '본토수복'(本土收復)을 하겠다는 목표를 강하게 갖고 있었기 때문에 군수산업도 키우려고 했다. 대만의 상황에서

그림2. 싱가폴의 국제주의적 발전 모델

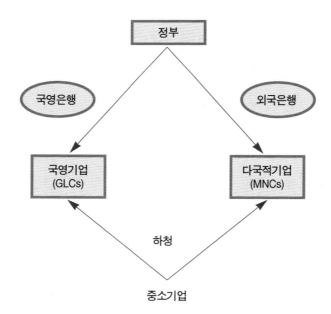

주목해야 할 사실은 동아시아에서 국영기업 비중이 가장 높았고 이것이 대만의 정치·경제를 이해하는 데에 핵심이라는 점이다.

한국이나 싱가폴과 달리 대만은 '분단된 사회'로 출발했다. 중국 본토에서 공산당에게 정권을 빼앗긴 국민당 정부가 대만으로 옮겨 오면서 새로운 정치체제가 만들어졌기 때문이다. 이 과정에서 현지민들의 시위를 유혈로 진압한 1947년 '2·28 사태'는 한국의 5·18 광주사태보다 더 큰 의미를 갖는 상징적 사건이다. 2·28사태는 40년이 넘도록 대만 현대사의 지하에 묻혀 있었다. 국민당은 1987년까지 계엄령에 의해 철권으로 대만을 다스렸다. 한국과 싱가폴이 선거를 치렀던 것과 큰 차이를 보인다. 중국 본토인과 대만 현지인의 인구 비율은 15% 대 85%였다. 소수 중국 본토인이 다수 대만 현지인을 지배하는 정치체제였다.

이런 상황에서 국민당 정부는 일본이 남겨놓은 적산(敵産)을 민간에 불하할 수 없었다. 따라서 대만은 국영기업을 통해 군수산업과 중화학산업을 육성하는 모델을 채택했다. 그 결과 동아시아 3개국 중 자본축적에서 정부가 기여한 비중이 가장 높았다. 한국은 10~20%, 싱가폴은 30~40%에서 오갔지만 대만은 그 비중이 매년 40~50%에 달했다.

흔히 대만이 중소기업 위주로 성장했다고 하지만 이것은 전체를 본 것이 아니다. 대만은 태생상 국영기업 중심으로 판을 짤 수밖에 없었다. 중소기업 육성책을 편 것은 정치적으로 억압받는 대만 현지인들에게 정치적 자유 대신 경제적 자유를 주기 위한 통로였다. 이를 위해 중화학 등 업스트림(upstream)에 있는 국영기업들이 다운스트림(downstream)에 있는 중소기업들에게 생산재를 최대한 싸게 공급하도록 했다. 중소기업들의 해외 시장 개척에도 정부가 여러가지 형태로 지원을 해 주었다. 한편 '콴시치예'(關係企業)라 불리는 비즈니스 그룹들도 함께 성장했다. 그러나 대륙에서 군벌(軍閥)과 인플레의 폐해로 인해 공산당에 권력을 빼앗긴 경험을 가진 국민당은 비즈니스 그룹 육성에 적극적으로 나서지 않았다. 콴시치예는 자생적으로 자라났다고 할 수 있다.

대만 정부는 1960년 중반까지는 내국기업 보호정책을 적극 구사하다가 그 후 자유화 및 개방으로 정책방향을 크게 바꾸었다. 본토수복의 꿈이 사라지면서 중화학산업을 육성할 시급성이 크게 약해졌다. 다국적기업들의 활동이 활발해지면서 이들을 파트너로 끌어들일 필요성도 생겼다. 대만 정부는 외국인 투자에 대한 규제를 대폭 완화하는 한편 내국기업들과의 합작을 적극 유도했다.

이에 따라 만들어진 대만의 준(準)국제주의 모델은 (그림 3)과 같다. 국영기업, 콴시치예, 중소기업, 외국기업의 4가지 축이 있다. 상업은행들은 한국과 마찬가지로 정부 지배하에 놓였다. 그렇지만 대만 정부는 한국과 달리 은행을 산업정책의 도구로 적극 활용하지는 않았다. 대만은행들은 지금까지 보수적으로 자금을 운용하는 주체로 남아 있다.

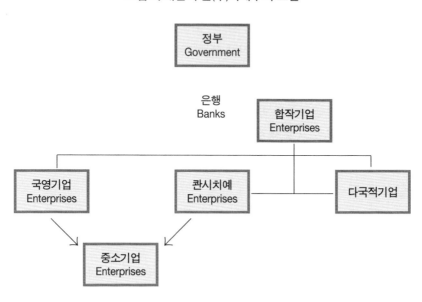

그림 3. 대만의 준(準)국제주의 모델

대만이 한국보다 일찍 자유화와 개방화의 길을 걸었지만 정부 역할이 축소된 것이라고 보아서는 안 된다. 대만 정부는 자본축적에서 계속 절대적인 역할을 담당하는 한편 신기술개발과 신산업 진출에도 중요한 역할을 했다. 예컨대, 대만의 정보통신산업 발전을 위한 신기술개발은 국책연구소인 ITRI(Industrial Technology Research Institute, 工業技術硏究院)가 주도했다. TSMC, UMC 등 대만의 주요 반도체회사들은 거의 모두 ITRI를 모태로 해서 만들어진 벤처기업들이다. 대만 정부가 하이테크 투자에 주도적 역할을 한 이유는 민간부문에서 기업의 역량이 상대적으로 발전하지 못했기 때문이었다. 한국은 1970년 중화학산업화 과정을 거친 뒤 1980년대부터는 대기업들이 하이테크 등 위험산업에 적극 뛰어드는 주체로 올라섰다. 1970년대에는 연구개발(R&D)투자의 80%를 정부가 담당했다. 그렇지만 1980년대 중반 이후 민간이 80%를 담당했다. 반면 대만은 그렇지 못했다. 1990년대 말까지도 R&D투자의 절반 이상을 정부가 담당했다. 정부가 민간역량 부족을 보완했다고 할 수 있다.

이상에서 논의한 한국, 싱가폴, 대만의 발전모델은 아래 (표 1)로 요약해 볼 수 있다. 한국은 내국자본을 주축으로 하는 민족주의적 대체모델을 만들었다. 세 나라 중 중화학산업에 가장 적극적으로 투자했다. 권위주의 체제는 남북분단 상황에서 국가안보뿐만 아니라 경제발전을 위한 조건으로 합리화됐다. 싱가폴은 말레이시아 연방에서 축출되고 고립무원(孤立無援)인 상황을 타개하기 위해 가장 국제적인 보완모델을 택했다. 이스라엘과 같이 적대국에 둘러싸여 있다는 안보 상황이 권위주의 체제를 합리화하는 근거로 사용됐다. 대만은 소수 중국 본토인에 의한 다수 대만 현지인 지배라는 정치적 상황에서 가장 권위주의적 발전 모델을 채택했다. 중소기업육성책은 대만 현지인들에게 경제적 자유를 허용한 통로라고 해석할 수 있다. 대만은 1960년대 중반 이후 보완모델로 이행했다. 다국적기업 투자에 거의 절대적으로 의존했던 싱가폴과 달리 중소기업, 콴시치예, 국영기업 등의 내국자본이 함께 발전하는 준(準)국제주의 모델이라고 할 수 있다.

표 1. 동아시아 모델의 정치 - 경제적 조건 비교

	경제		정치	
한국	대체 모델(Substituting model)	민족주의 모델		남북대결과 국가안보
대만	보완 모델 (Complementing model)	반(半)국제주의 모델	권위주의	소수의 중국 본토인에 의한 다수의 현지 대만인 지배
싱가폴		국제주의 모델		회교도의 바다에 있는 화교 (華僑)의 섬과 국가안보

이행(移行) 과정에서의 정치·경제적 도전

각자의 여건과 장·단점을 갖고 발전한 동아시아 3국은 경제기적을 달성한 이후 이행(移行)에의 도전에 직면하게 됐다. 첫 번째 도전은 정치·경제의 성숙(maturity)에 따르는 사회집단의 다원화 및 이해관계 충돌이다. 이것은 정치적으로는 민주화 요구로 나타나고, 경제적으로는 시장경제 활성화 요구로 나타났다. 두 번째 도전은 개방화이다. 세 나라는 상대적으로 개방된 모델을 채택했지만, 나름대로 외국자본에 대한 규제를 유지해 왔다. 한국이나 대만은 특히 금융부문에 대한 규제가 강했다. 경제개발 기간에는 선진국들이 이것을 별로 문제삼지 않았다. 그러나 경제기적을 달성하자 선진국들은 개방을 강하게 요구했고, 양국은 어떤 형태로든 이 요구를 수용할 수 밖에 없었다.

이행기간 중 세 나라의 성장률을 비교해 보면 시스템 전환의 강도와 경제 성적표 간의 상관 관계가 드러난다. 1960년부터 2000년까지 연평균 국내총생산(GDP) 성장률은 한국 8.95%, 대만 8.94%, 싱가폴 8.35%로 거의 비슷했다. 세 나라 간의 1인당 국민소득 격차 비율도 경제개발 초기에 비해 크게 달라지지 않았다. 그러나 2000년대부터는 한국·대만과 싱가폴 간에 성장률 격차가 나타난다. 2001년부터 2014년까지 한국과 대만은 연평균 성장률 4.04% 및 3.86%로 과거보다 크게 떨어졌다. 반면 싱가폴의 성장률은 5.42%로 하락폭이 상대적으로 작았다. 한국과 대만의 1인당 국민소득이 싱가폴보다 원래 낮았고 선진국이 될수록 성장률이 둔화되는 추세를 감안할 때에, 두 나라가 싱가폴보다 낮은 성장률을 기록했다는 사실은 이행과정에서 더 큰 도전에 직면했다는 것을 보여주는 방증이라고 할 수 있다.

한국과 대만을 비교해 보면 2004년을 기점으로 두 나라의 1인당 국민소득이 역전된다. 대만은 원래 한국보다 1인당 소득이 높았고, 경제개발을 먼저 시작했기 때문에 경제개발 기간 내내 한국보다 높은 1인당 소득 수준을 유지했었다. 2004년에 벌어진 두 나

라간 1인당 소득 역전은 무슨 연유에서건 대만이 한국보다 이행
과정에서 더 큰 어려움을 겪고 있다는 지표로 받아들일 수 있다(그
림 4).

그림 4. 한국, 대만, 싱가폴의 1인당 국민소득 장기 추세 (1960~2014, US$)

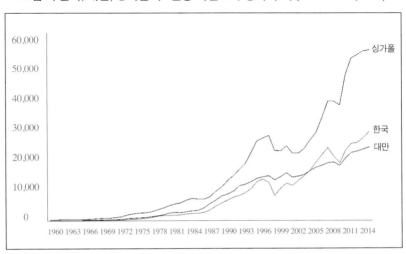

출처: 한국은행, Singapore Department of Statistics.

　싱가폴은 정치체제나 경제모델에 대한 도전이 세 나라 중 가장
약했고, 각종 변화가 가장 점진적으로 진행되고 있다. 싱가폴은 처
음부터 형식적 민주주의를 유지해 왔고 한 번도 선거가 중단된 적
이 없기 때문에 한국이나 대만보다 덜 권위주의적이었다고도 할
수 있다. 그러나 언론이 통제되는 가운데 집권당인 민중행동당

(PAP, People's Action Party)의 절대다수가 유지되고 있고, 리콴유 체제에서 리시엔룽의 2세 체제로 넘어가 있다. 지난 2011년 선거에서 PAP의 총투표지지율(popular vote)이 60% 로 떨어지는 등 잠재적 불만이 표출되고 있지만, 정치체제에 큰 변화가 일어났다고 할 수는 없는 수준이다.

경제적으로도 싱가폴 모델은 가장 약한 도전을 받았다. 처음부터 가장 국제주의적인 모델을 구축했기 때문에 성장에 따르는 개방 압력을 새로이 받을 일이 없었기 때문이다. 금융부문에서도 선진국 은행이나 펀드들을 더 적극적으로 끌어들이는 방법에 의해 금융센터로서의 지위를 강화해 나갔다. 주요 경제주체들 간의 갈등이 훨씬 약했다. 다국적기업들은 지속적으로 싱가폴에 투자하고 여기를 중심으로 동남아 비즈니스를 확장했다. 국영기업들은 일찍부터 국제경쟁에 노출됐고 민간기업과 비슷하게 운용됐기 때문에 '이행' 이라는 새로운 도전을 거의 겪지 않았다.

이렇게 안정된 정치·경제제체의 장점은 장기계획이 가능하다는 점이다. 예컨대, 인구 정책만큼 장기계획을 필요로 하는 것은 없다. 한국이나 대만은 이제야 인구문제 대책을 논의하고 있고, 그나마 실질적 대안이 나오지 못하고 있는 상태이다. 그러나 싱가폴은 1990년을 전후로 인구문제를 심각하게 받아들였다. 처음에는 출산장려책을 썼다. 그러나 이것이 별로 효과가 없다는 것을 인식하고 이민확대책으로 방향을 틀었다. 그 결과 싱가폴 인구는 1990

년 300만 명에서 2000년 400만 명, 2010년 500만 명으로 늘었다. 싱가폴 정부는 2030년까지 인구를 680만 명까지 늘린다는 장기계획을 갖고 있다. 인구가 지속적으로 늘어난다는 확신이 있으니까 새로운 비즈니스가 일어나기 쉽다. 경제의 활력이 유지된다. 싱가폴은 현재 아시아 국가 중 고령화 문제를 가장 적게 안고 있는 나라이다. 고령층이 늘어나고 있는 추세는 다른 나라와 마찬가지이지만, 이를 떠받칠 수 있는 청·중·장년층이 이민을 통해 계속 증가한다. 연금도 대부분 자신들이 저축한 것을 받아가는 시스템이기 때문에 국가 재정의 부담도 별로 크지 않다.

대만은 정치적 이행에서 세 나라 중 가장 큰 도전을 겪었다고 할 수 있다. 가장 권위주의적인 체제를 유지하다가 이행하는 과정에서 그동안 잠재되어 있던 중국 본토인과 대만 현지인 간의 갈등이 분출했기 때문이다. 대만은 장징궈(蔣經國) 총통이 1987년에 계엄령을 해제하고 1988년 그의 사후 리덩후이(李登輝)가 총통직을 승계하면서 순차적으로 민주화가 이루어졌다. 국민당이 갖고 있던 언론 기관을 모두 민간에 매각하도록 하면서 언론 자유도 도입됐다. 리덩후이의 등장은 대만 현지인이 처음으로 최고 정치지도자가 됐다는 점에서 상징적 사건이었다. 1996년 대만 최초로 치러진 총통 선거에서 리덩후이가 당선됐고, 그 후 또 다른 대만 현지인 첸수이볜(陳水扁)이 2008년까지 집권하면서 민주주의가 뿌리를 내렸다고 할 수 있다.

　그러나 대만의 민주화는 사회적 혼란과 함께 진행됐다. 추윤펭(2015)은 대만이 이 기간 중 '발전국가'(developmental state)에서 '후견주의의 센터'(center of clientelism)로 변모했다고까지 말한다. 한국에서도 복지나 지방예산 편성 등을 둘러싸고 후견주의가 어느 정도 진전됐고, 싱가폴도 이런 징후가 전혀 없다고는 말할 수 없다. 그렇지만 후견주의가 대만에 가장 강하게 나타나게 된 것은 대만 정부가 '가장 큰 토지소유주이자 가장 큰 기업소유주'(the largest landlord and the biggest owner of enterprises)인 상황에서 민주화 요구가 급격히 분출되며 국유자산의 분배 및 활용을 둘러싼 정쟁(政爭)이 전개됐기 때문이다. 이 과정에서 사회 구성원들을 정치적으로 양극화시키는 일들이 많이 벌어졌다. 특히 중국과의 관계가 첨예한 정치적 이슈가 되면서 '친(親)중국=권위주의', '반(反)중국=민주주의'라는 진영 논리가 대립하게 됐다. 급진적인 '탈(脫)중국화'가 추진되기도 했다. 예컨대 중·고등학교 역사교과서에서 '북경'을 '중국의 북경', '상해'를 '중국의 상해'로 바꾸는 등 중국과의 관계를 단절하고 대만의 독자적인 역사 새로 쓰기가 진행됐다. 이 정치적 대립 과정은 각종 권력 남용, 부패와 함께 진행됐다. 물론 이러한 사회 갈등이 경제성장에 어떻게 영향을 미쳤는지를 계량화할 방법은 없다. 그러나 정치 분열과 포퓰리즘의 확대가 대만의 경제성장에 부정적 영향을 미쳤으리라는 점은 부인하기 어려울 것 같다.

대만의 성장 정체에는 중국과의 급격한 경제 교류도 영향을 미쳤다. 중국과 대만 간 무역은 공식적으로 금지되었지만, 홍콩 등 제3국을 통한 양안(兩岸)무역은 중국의 개방과 함께 급격히 증가했다. 대만 중소기업들 입장에서는 갖고 있던 설비를 중국으로 옮기면 값싼 인력을 활용할 수 있어 수익성이 크게 높아지는데다, 값비싼 대만 내 토지를 팔아 일석이조(一石二鳥)할 수 있는 기회였다. 미국의 무역흑자 축소 요구에 따라 대만달러를 불과 2년 사이에 80% 이상 절상시키면서 국내에서 고부가가치로 옮겨가기 위한 투자를 하기보다는 비싸진 국내자산을 팔고 중국으로 옮기는 것이 훨씬 더 유망해졌다. 정치적으로 '탈(脫)중국' 구호가 강해지는 상황에서 경제적으로 '입(入)중국'이 강화되는 역설적 현상이 벌어졌고 이 두 가지가 동시에 대만 경제에 부정적 영향을 미쳤다고 할 수 있다.

한국은 동아시아 3개국 중 정치 민주화를 가장 빨리 겪었다. 1986년 '6월 항쟁'을 기점으로 대통령 직선제를 채택했다. 그 후 군부의 정치개입이 사라졌다. 언론도 자유화됐다. 한국은 그 후 각종 사회갈등이 분출됐지만 1997년 외환위기를 당하기 전까지는 과거의 고속성장세를 유지했고 1980년대 후반 '3저(低) 호황'이 도래했다. 그러나 이 과정에서 금융위험이 함께 증가했다. 앞절에서 논의했듯이 한국은 세 나라 중 가장 내국자본 위주의 성장을 하면서 외채를 많이 들여다 썼다. 1990년대 초 금융자율화를 추진하기 전까지는 정부가 외채의 규모나 내용을 규제하며 금융위험을 관리했다. 그러나 선진국으로부터 금융시장 개방압력을 받고 경제협력개발기구(OECD)에 서둘러 가입하면서 자본자유화에 따르는 새로운 금융위험 관리 시스템을 만들지 않았다. 한국 모델은 세 나라 중 개방화의 도전을 가장 강하게 받을 수밖에 없었던 바, 그 대응을 제대로 하지 못함으로써 결국 외환위기에 빠질 수밖에 없었다.

한편 외환위기를 당한 후 한국은 국제통화기금(IMF) 체제에서 과도한 구조조정을 했다. 금융위기 원인을 금융위험 관리 실패가 아니라 "구조적 문제"라고 진단했기 때문이다. 국제금융기관들이나 외국기업들 입장에서는 한국의 위기를 '구조적'이라고 내세우고 싶은 이해타산적 이유가 있었다. 그러나 한국정부가 'IMF플러스'라고 할 정도로 이를 더 적극적으로 받아들여서 집행한 데에는 당시 정치세력의 변화가 크게 작용했다. 때마침 과거 개발독재와 대기업 중심 운용체제를 비판하며 '민주적 시장경제'를 내세우던 김대중 대통령과 그 지지세력들은 집권하면서 자신들이 원하는 방향으로 새로운 경제체제를 만들어내고자 했다. 국내의 새로운 정치세력과 국제금융가는 한국경제의 '구조개혁' 필요성에 공감했던 것이다.

그러나 이 같은 구조개혁은 국내기업들의 적극적 투자를 "과잉투자"라고 규정했기 때문에 기업투자를 위축시키는 방향으로 이루어졌다. 기업 부채비율을 대폭 낮추고, 은행권의 기업대출에 대한 규제를 대폭 늘리고, 공정거래법도 대폭 강화했다. 그 결과는 2000년대의 전반적인 투자 위축을 초래했다. 반면 정부가 새로운 성장동력으로 적극 육성했던 벤처투자는 큰 버블을 만들어낸 뒤 터졌다. 은행들은 기업대출 위축을 만회하기 위해 가계대출을 적극 늘렸다. 그 결과 2000년대 중반에 부동산 붐이 불고 내수가 진작되는 듯했지만, 부동산 버블이 꺼지고 가계의 원리금 상환 부담이 돌아오면서 내수가 오히려 위축됐다.

한편 이 과정에서 사회갈등은 심화되는 길을 걸었다. 대만과 유사하게 '산업화 세력'과 '민주화 세력' 간의 정치적 양극화가 나타났고, 경제정책도 과거보다 포퓰리즘 성격을 많이 띠게 됐다. 이 갈등이 대만보다 더 심했는지, 그렇지 않은지를 정확하게 가늠할 방법은 없다. 그러나 전체적인 정치체제 전환의 강도라든지, 중국 본토인과 대만 현지인 간의 갈등 등을 감안할 때에 대만보다 갈등이 심했다고 보기는 어려울 것 같다. 그렇다면 이 같은 사회갈등의 정도 차이가 한국과 대만 간 1인당 국민소득 역전의 한 원인이라고 볼 수도 있을 것이다.

경제적인 이유도 추론해 볼 수 있다. 한 가지는, 한국이 대만보다 대기업 위주였기 때문에 국내에서 고도화투자를 할 요인이 더 많았다는 사실이다. 기업투자가 전반적으로는 위축됐어도 이 기간 중 일부 대기업들은 고속성장을 했다. 관련 중소기업들 중에서도 고속 성장한 곳들이 제법 있었다. 또 하나는, 가계부채이다. 대만은 금융기관들이 가계대출에 보수적이었고 따라서 가계부채가 발생하지 않았다. 반면 한국은 2000년대에 가계대출을 급격히 늘렸고 이 과정에서 경제성장률 수치가 좀더 높아졌을 수 있다. 만약 이것이 중요한 요인이라면 앞으로 가계부채로 인한 내수위축이 한국경제를 대만보다 더 어렵게 할 가능성이 있다.

지속성장을 위한 대안

동아시아 3개국을 표면적으로 비교하면 싱가폴은 지속적으로 성공을 구가하고 있는 반면, 한국과 대만은 어려움을 겪고 있는 것처럼 보인다. 그러나 속 내용을 들여다 보면 다르게 해석할 여지가 있다. 싱가폴의 성공은 아직까지 한국이나 대만만큼 이행에 따르는 도전을 겪지 않았기 때문이라고도 볼 수 있기 때문이다. 싱가폴은 개방화에 따르는 도전은 이미 쉽게 뛰어넘었다. 처음부터 가장 국제적인 발전모델을 건설했기 때문이다. 그렇지만 정치 민주화 및 다원화에 따르는 도전은 아직 제대로 겪었다고 할 수 없다. 이 도전이 현재화됐을 때에 어떤 일이 벌어질 것인지 두고 봐야 한다.

경제적으로 최고 수준의 선진국에 도달했기 때문에 그 영향이 크지 않을 수도 있고 거꾸로 갈등이 더 크게 나타날 수도 있다.

그러면 한국은 앞으로 어떻게 해야 할 것인가? 각 나라가 발전해온 과정이나 모델이 다르기 때문에 남들이 성공한 시스템을 그대로 따라할 방법은 없다. 그렇게 한다고 해서 좋아질 것이라고 기대할 수도 없다. 그러나 다른 나라들과의 비교를 통해 부분적으로 교사(敎師) 혹은 반면교사(反面敎師)로 삼아야 할 내용들은 있는 것 같다.

싱가폴의 경우, 그 정치체제를 따라할 방법은 없지만 장기적 시각에서 성장과 안정을 줄 수 있는 시스템을 만들어야 한다는 교훈은 얻을 수 있을 것 같다. 비즈니스는 안정된 환경에서 확장하기를 원하는 속성을 갖고 있다. 경제가 지속적으로 성장하기를 바란다면 비즈니스가 잘 될 수 있는 일반적 조건들을 갖춰줘야 한다. 한국과 같이 대통령 단임제에 각종 의원, 지방선거 등을 거의 매년 치르는 정치상황에서 장기적 시각이 어떻게 도입될 수 있을지는 보다 구체적인 고민이 필요할 것이다. 그러나 민주적 체제를 유지하면서 기업들이 장기전망을 해나갈 수 있는 시스템을 빨리 갖춰야 한다는 대명제는 변함이 없을 것 같다.

대만의 경우, 사회갈등이 지나치게 정치화되고 양극화되면 경제가 활력을 잃는다는 교훈을 얻을 수 있을 것 같다. 정치로 인해 갈등이 조장되고 증폭되는 경향을 제어하는 방안이 강구되어야 한다. 그 구체적인 방안은 각 나라마다 다를 것이다. 다른 나라의 사례들에 대해 제대로 된 비교를 하는 것은 사회갈등의 원인이나 결과에 대한 이해도를 높여서 보다 관용하는 분위기를 만드는 데에 기여할 수 있을 것 같다. 갈등이 증폭되는 과정에서는 자기 나라의 갈등에 대해서만 확대해석하는 경향이 있다. 이상적인 사회를 그려 놓고, 혹은 다른 나라에서 잘 한다고 하는 것들의 일부만 부각시키면서, 자기 나라가 거기에 도달하지 못했다고 자학(自虐)하기도 한다. 그러나 갈등에는 역사적 연원이 있다. 다른 나라들에도 똑같지는 않더라도 비슷한 양태의 갈등들이 있어 왔다. 그런 것들을 제대로 돌아보게 되면 자기 나라에서 벌어지는 사회 갈등에 대해 좀 더 타협하고 현실적인 해결방안을 만들어 나가는 데에 도움이 될 것이다.

한국과 대만을 비교해 보면, 기업들이 국내에서 고도화 투자를 지속할 수 있는 여건이 중요하다는 교훈을 얻을 수 있을 것 같다. 대만은 중국과 경제교류가 진행되는 과정에서 경제의 중추를 담당하던 중소기업들이 대거 중국으로 엑소더스하는 것을 늦추지 못했다. 한국도 물론 중국경제의 성장에 따라 중소기업들뿐만 아니라 대기업들도 중국으로 생산시설을 많이 이전했다. 그러나 그 속도가 대만보다 느렸고, 대기업들을 중심으로 국내 고부가가치 투자가 어느 정도 이루어졌다. 지속 성장을 위해 국내에서 고부가가치 투자를 지속적으로 유도하는 시스템을 어떻게 만들어낼 것인지,

기업들의 해외이전 속도를 어떻게 늦출 것인지 등에 대해 깊이 있는 검토가 필요할 것 같다.

한국의 경험을 보면, 과도한 시스템 개혁이 갖고 오는 부작용에 대해 경계해야 할 것 같다. '위기'가 벌어질 때면 '모델의 위기'로 치부하고 전체 시스템을 개혁해야만 위기를 극복한다고 내세우는 경향이 있다. 그러나 어느 시스템이나 장·단점이 있다. 단점이 드러났다고 해서 시스템을 전체적으로 바꾸면 갖고 있던 장점마저 함께 버리게 된다. 외환위기 이후 한국의 구조조정 과정은 그 대표적인 사례였고, 그 결과는 기업투자 둔화와 가계부채 급증이었다. 이행은 '정답'(正答)이 없는 지난한 과정이다. 쉽게 '정답'이라는 것을 찾으려다 '오답'(誤答)을 적용하고 문제에 봉착한 뒤 되돌리기를 반복하는 우(愚)를 범하지 말아야 한다.

09

사회자본과 국가발전

전재경

| 학력 |
- 동국대학교 법과대학 및 동대학원 졸업(법학박사)

| 경력 및 활동사항 |
- (현)자연환경국민신탁 대표이사
- (현)사회자본연구원장
- 한국법제연구원 연구위원 및 연구본부장
- 법무부 법무자문위원회 참사 및 전문위원
- (현)환경부 중앙환경정책위원
- (현)서울대학교 대학원 겸임교수

| 저서 및 논문 |
- 한국의 적법절차
- 관습법 조사연구
- 환경정의
- 법과 경제발전
- 사회자본법제

사회자본과 국가발전

우리나라가 선진국이 못 되는 이유

식민지를 체험한 국가로서 OECD에 가입한 우리나라는 그 경이로운 족적 때문에 아시아·아프리카 국가들에게 벤치마킹 대상이 되고 있다. 덕분에 KOICA가 주관하는 공적개발원조(ODA)와 KDI가 주관하는 발전경험공유프로그램(KSP) 등이 개발도상국가들로부터 각광을 받고 있다. 이러한 프로그램에 참여한 사람들은 자부심을 느끼고 뭔가 하나라도 더 지원하고 싶고 더 공유하고 싶어 한다.

우리가 미국 등 우방으로부터 식량에서부터 무기에 이르기까지 각종 원조를 받던 게 불과 1세대 전의 일이었는데 이 얼마나 자랑스러운 현상들인가. 한국전쟁 이후 폐허에서 일어난 한국의 국제적 위상 뒤에는 AID 차관과 같은 우방들의 원조 이외에도 일련의 '경제개발 5개년계획'들과 맥락을 같이한 각종 건설사업이나 새마을 운동 또는 산림녹화와 같은 국내적 요인들이 작용하였고, 베트남전쟁이나 중동건설 특수와 같은 국제적 요인들이 작용하였다.

하지만, 햇빛에 드러난 성취의 이면을 살펴보면, 무엇인가 부족함이 느껴진다. 우리나라가 OECD의 일원이 되었고 국민소득이 2만달러를 넘었다고 하여 속속들이 선진국이 되었다고 생각하는 이는 없다. 우리보다 몇 세대 앞서 선진국이 된 나라들에 비하여 우리가 부족한 것은 무엇일까? 기업, 공직사회 그리고 시민 개개인들의 역량이 충만함에도 불구하고 무엇이 부족해서 일류국가의 문 앞에서 지척거리고 있는 것일까?

우리나라의 교육열은 자타가 공인하고 있어 지식이 부족하다고 보기는 어렵다. 문화면에서도 대한민국은 남다른 자긍심을 가지고 있다. 정치 부문은 사회자본론에서 다루기 어려운 점이 있어 논외로 한다. 경제적 자본이 부족해서 국가발전이 지체된다고 보기도 어렵다. 결국 우리가 부족한 것은 사회자본(social capital)이다. 사회자본을 만들고 부릴 수 있는 사회적 역량의 모자람이 가장 큰 문제이다.

사회자본이란?

사회자본은 '사회화된 자본'을 의미한다. 사회화된 자본은 자본주의를 받치고 있는 사유화된 자본에 대응하는 개념으로 이해할 수 있다. 사회자본은 사유자본에 대한 반성을 내포한다. 물적 자본 내지 경제적 자본은 '돈'으로 표현되지만 사회자본은 단순한 돈이 아니다. 사회자본은 사회 구성원들의 관계(structure of relation) 속에 내재되어 있다. 로버트 퍼트넘(Robert D. Putnam)은 신뢰나 호혜의 규범을 촉진하는 비공식적인 형태의 사회단체를 중시한다.

프랜시스 후쿠야마(Francis Fukuyama)는 규범에 주목하여 사회자본을 '사회구성원간의 협력을 창출하는 비공식적인 규칙 또는 공유의 규범'으로 정의한다. 비공식적 규범에서 생겨나는 신뢰와 네트워크는 조직이나 사회가 효율적으로 작동하기 위한 윤활유 역할을 수행한다. 협력을 빚어내는 규범은 진실과 책임의식이 뒤따르며 호혜성(reciprocity)을 갖출 때 사회자본이 창출된다.

소외계층의 추락을 막고 최소한의 생존권을 가능하게 하는 사회안전망도 사회자본에 해당한다. 일부 학자들은 최근 한국 사회에서 빈발하는 '묻지마 칼부림'이 장기적인 경기침체로 인한 고용불안과 경제 양극화의 영향이라고 진단한다. 우발범죄는 불황 때마다 가파르게 늘어난다. 일본의 경우에도 1990년대 이후 장기 불황을 겪으면서 '거리의 악마'(通り魔)로 불리는 '묻지마' 범죄가 기승을 부렸다.

사회자본을 규범과 가치로 이해하는 접근방식에 따르면, 사회자본은 시민들이 가지고 있는 가치와 태도로 구성되는 주관적인 현상이다. 그리고 이는 한 개인이 타인과 서로 어떻게 관계를 맺을 것인가를 결정하거나 그에 영향을 미치게 된다. 특히 신뢰나 호혜성과 관련되어 있는 태도와 가치가 중요한데, 이는 사회적, 정치적 안정과 협력을 만들어 내는 중요한 요소이기 때문이다. 이런 방식으로 접근되는 사회자본은 시민이 타인과 협력하고 타인을 신뢰하고 이해하며 공감하도록 만드는, 다시 말하면 타인을 이방인이나 경쟁자 혹은 잠재적 적군이 아니라 동료 시민으로 인식하게 만드는 문화적 가치와 태도라고 인식된다.[1] 자본으로서의 사회자본은 축적이 가능하고 다른 요소의 생산성을 높이는 능력을 나타낸다. 사회자본은 사유재(private goods)와 공공재(public goods)의 특성을 동시에 지닌 이중구조를 취한다. 사회자본은 '눈에 보이지 않거나, 손에 잡히지 않는' 자본으로서의 속성을 지닌다. 물질적인 자연자원이나 경제적 자본에 비하여 '사회자본'(social capital)은 법질서 준수와 사회규범, 사회구성원 상호간의 신뢰와 협동심, 거래상의 신용, 윤리의식, 네트워크, 공동체정신, 소통능력, 지식 등과

---

1) 케네스 뉴튼 (2007), 「사회적 자본」(유석춘·장미혜·정병은·배영 공편역), 서울 그린, p.182.

같은 '눈에 보이지 않는 자본'(intangible capital)을 말한다.

요컨대, '사회자본'이란 신뢰(trust) 및 연결망(network)을 바탕으로 협동이나 거래를 이끌어 내는 공동의 능력 또는 규범으로 정의할 수 있다. 능력(capacity)이 소프트웨어에 속한다면 규범(norm)은 하드웨어에 속한다. 신뢰는 종교적 차원에서 신앙으로, 정치적 차원에서 충성으로, 경제적 차원에서 신용으로, 또 문화적 차원에서 의리로 나타난다. 연결망은 서로 소통하거나 협동하는 사회적 통로이다. 협동이나 거래의 본질은 소통이다. 협동은 한 방향으로 이루어지는 사회적 소통이고 거래는 양방향으로 이루어지는 경제적 소통이다. 사회자본은 공동의 능력이나 규범이라는 차원에서 이를 운용하는 집단을 전제로 한다.

국부(Wealth of Nation)와 사회자본

후쿠야마는 1992년 '역사의 종언과 최후의 인간'(The End of History and the last Man)에서 "인류는 오랜 사회문화적 진화를 거쳐 드디어 더 이상 좋은 시스템으로 발전할 수 없는 자유민주주의와 시장경제 시스템에 이르게 되었다"고 진단하였다. 이어 1995년에 출간된 '트러스트'(Trust)에서 "이데올로기와 제도의 역사가 끝나고, 유일하게 살아남은 자유 민주주의 시장경제체제가 지속되기 위해서는 윤리·도덕·관습 등 사회 구성원 사이의 신뢰(trust)가 바탕이 되어야 한다."는 주장을 펼쳤다.

1991년 12월 소비에트 연방이 붕괴된 이후 자본주의는 20여 년간 세계를 지배하는 유일한 경제체제로 자리를 잡아 왔고 아직도 자본주의를 대체할 만한 경제체제는 등장하지 않고 있다. 자본주의는 부채를 좋아한다. 자본주의는 위험을 선호한다. 또 자본주의는 원천적으로 소득불균형을 야기한다. 하지만 시장의 자유를 가능한 많이 보장하는 아담 스미스의 근본주의적 자본주의에 대해서는 의문이 제기된다. 자유주의적 자본주의에 대한 회의론은 자본주의의 심장인 미국에서 2007년부터 시작된 글로벌 금융위기와 미국과 함께 자본주의의 양축을 이뤄온 서유럽에서 터진 유로 존의 재정위기가 계기가 되었다.

마이크로소프트의 창업자 빌 게이츠는 2008년 1월 스위스 다보스에서 열린 세계경제포럼에서 기업이 선한 의지를 가지고 불평등을 완화할 수 있는 시장 시스템을 만드는 데 기여하는 '창조적 자본주의'를 제안했다. 2012년 1월에 개최된 다보스포럼은 '변화: 새로운 경제 모델 만들기'를 주제로 내걸었지만 획기적인 대안이 제시되지 못했다. 스웨덴의 안데르스 뵈르그 재무장관은 자유로운 이윤 추구를 허용하되 이윤에 대해서는 사회적 책임이 뒤따르는 스웨덴의 경제 모델을 대안으로서 제시하였다. 하지만 한국을 비롯하여 미국식 경제 모델을 가진 국가에서는 스웨덴 모델을 바로 적용하기 어렵다는 반론도 제기되었다. 다보스포럼에서 제기된 다양한 논의의 공통점을 찾는다면, 시장경제에서 경쟁의 규칙을 21세기적 환경에 맞도록 바꾸어서 불공정 및 빈부격차를 최소화해야 한다는 것이었다. 전문가들은 중국식 국가자본주의가 위기에 빠진 자본주의를 대체할 수 있을 것이라는 데 대해서는 부정적이다. 국가자본주의는 민간의 창의력을 억제하고, 부정부패의 온상인 '정실자본주의'(Cronyism)의 토양을 제공하는 등의 문제점을 안고 있기 때문이다. 빈부격차가 오히려 심하다는 것도 '중국식 자본주의'에 거부감을 갖게 하는 이유다. 라그후람 라잔 시카고대학 교수는 "국가자본주의가 기술의 추격(catch-up) 단계에서는 유용하지만 기술을 창조하는 데는 취약하다."며 "결국은 민간의 창의를 보장하는 자유자본주의가 승리할 것"이라고 말하기도 했다. 작금 중국정부는 가라앉으려는 증권시장을 부양하기 위하여 혼신의 노력을 기울이고 있다. 정부가 시장을 이길 것인가 아니면 시장에 굴복할 것인가도 관심사이지만, 중국 증권시장의 부침은 국가자본주의의 사활이 걸린 문제이다. 국가자본주의의 미래는 차치하더라도, 국가자본주의나 자유자본주의는 주체와 방법에 차이가 있지만 본질적으로는 '자본주의'를 기틀로 한다. 자본주의는 돈으로 표상되는 자본(capital)을 중심으로 전개되는 경제체제이다. 모든 자본주의는 돈이나 자원과 같은 물적 자원 내지 경제적 자본을 불가결의 요소로 삼는다. 물적 자본이 부족한 국가는 국부의 증진을 기대하기 어렵다. 물적 자본에만 의존하는 자본주의의 대안이 필요하다.

한국의 정치경제적 성향은 여전히 물질적 자본주의에 대한 의존도가 높다는 것이다. 개발정책도 주로 물질적 자본을 염두에 둔다. 정기적으로 찾아오는 대통령 선거나 국회의원 선거는 국민들의 이러한 성향을 조장한다. 역대 대통령 선거 후보들도 전임자들과 같은 노선을 걷는다. 대선 후보들이 전국을 돌며 발표하는 대규모 사회간접자본(SOC) 공약들은 경제적 자본 중심이다. 후보들이나 유권자들은 모두 뭔가 번듯한 시설이나 구조물들을 지어야 경제가 발전하는 것 같은 느낌을 가진다. 지난 정부의 행정수도 공약은 20여조 원의 돈이 들어가는 대역사이다. 물론 당시 공약에 따르면 행정수도 건설 소요자금은 현재 행정부의 부지 매각대금으로 충당될 수 있었다. 일각에서는 이러한 공약이 남발되지 않도록 '공약이행 절차 및 기간이 명시된 공약별 이행계획과 같은' 사전·사후 검증 제도를 강화하자고 주장하였지만, 이러한 접근방법은 '입증만 잘하면 허용하겠다'는 물질 자본주의적 사고 체계이다.

사회자본론은 경제자본 내지 물질자본 일변도의 성장에 의문을 표하면서 등장한 것이다. 사회자본을 자본주의의 동반자로 인정하면서 그 필요성과 중요성을 객관적으로 규명한 기관은 세계은행 (World Bank)이다. 세계은행의 보고서 '국부의 소재'(2006)에 따르면 1인당 전체 국부의 비중이 저소득 국가는 천연자원(26%) / 물질자원(16%) / 사회자본(59%)임에 비하여, 고소득 OECD 국가는 천연자원(2%) / 물질자원(17%) / 사회자본(80%)의 비율로 나타난다. 우리나라는 OECD 국가군에 해당하지만 사회자본량이 기대치만큼 높지 않다.

자본측면에서 선진국화는 사회자본의 증가를 의미하며, 물질적·경제적 자본이 부족한 국가가 사회자본의 함양에 노력할 경우 선진화가 촉진된다. 1990년대 브라질의 꾸리찌바市는 경제적 자본이 부족한 가운데 인적자원(HR)을 개발하여 명품도시로 발전하였다. OECD 회원국들의 사회자본 지수를 비교한 자료(삼성경제연구소, 2009)에 따르면, 한국은 10점 만점에 5.70점으로 29개 회원국 중 22위로 나타났다. 1위인 네덜란드(8.29점)와 덴마크·호주·뉴질랜드·스웨덴은 8점 이상, 스위스·미국·캐나다·오스트리아는 7점 이상이었고, 우리나라는 사회자본이 취약하다고 알려진 이탈리아(5.87점)나 그리스(5.57점)와 비슷한 수준이었다.

사회자본론은 국부(wealth of nation)를 증진시키는 정책들과 관련을 맺는다. 사회자본론은 범국가적으로 나아가 범세계적으로 부(wealth)의 가장 중요한 구성요소가 무엇인가를 묻는다. 사회자본론은 다양한 형태의 부의 분배가 소득에 따라 어떻게 변하는가, 그리고 자연적 부의 가치는 국가가 발전함에 따라 증가하는가 아니면 감소하는가를 다룬다.[2]

---

2) The World Bank, *Where is the Wealth of Nations?* Measuring Capital for the 21st Century, Washington, D.C. 2006, p.33.

경제성장과 사회자본

사회자본의 부족은 한국이 선진국으로 진입하는 데 걸림돌이 되고 있다. 대한상공회의소 조사(2008)에 따르면 외국 기업이 한국에 대한 직접 투자를 꺼리는 이유로 열거하는 복잡한 규제, 노사신뢰 부족, 인적 네트워크의 폐쇄성은 모두 사회자본과 연관이 있는 항목이다.

사회자본은 기업조직에도 영향을 미친다. 후쿠야마에 따르면 기업규모는 그 사회의 신뢰 수준에 의해 큰 영향을 받는다. 신뢰가 낮은 국가에서는 고용주가 낯선 사람을 고용하는 것을 기피하기 때문에 대기업이 생성되기 어렵고, 가족 중심의 중소기업이 지배적인 기업형태가 된다. 다만 한국의 경우에는 사회적 신뢰는 부족했지만 국가가 정책적으로 인센티브를 제공함으로써 대기업 집단이 발달하는 데 주도적 역할을 하였다고 설명한다.

케네스 애로(Kenneth J. Arrow)는 모든 종류의 상거래에는 일정한 수준의 신뢰가 필요하다고 주장한다. 다양한 선행 연구들은 경제성장을 위하여 사회자본이 물적 자본보다 중요한 역할을 하며 특히 신뢰와 규범이 경제성장과 투자에 긍정적인 영향을 미침을 보여준다. 세계은행(WB)의 수석연구원 스티븐 낵(Stephen Knack)과 필립 키퍼(Philip Keefer)는 사회적 신뢰도가 10% 상승할 때, 경제성장률은 0.8%p 증가한다고 분석하였다. 사회자본은 거래비용을 절감시켜 물적·인적 자원의 생산성을 높이며, 구성원 간 신뢰관계를 구축해 사회안정에도 기여한다는 것이다.

신뢰수준이 높은 사회일수록 교육, 보건, 범죄율, 경제·사회적 평등의 측면에서 좋은 결과를 경험할 수 있다고 알려져 있다. 퍼트 넘(Putnam) 등은 사회자본이 교육, 보건 등 공공재의 양적·질적 수준, 정부 재정의 효율성, 정부규제의 질 등 정부의 성과를 높이 는 효과가 있다고 보았다. 계층간 신뢰가 강한 사회에서는 민간의 료 서비스를 이용할 수 있는 고소득층과 그렇지 못한 저소득층 간 에 협력이 잘 이루어져 고소득층이 정부의 보건서비스 확대를 위 해 증세를 통한 재원 조달에 동의할 가능성이 높다.

리더만(Lederman) 등은 사회자본의 3가지 지표 중에서 신뢰가 범죄율을 낮추는 데 통계적으로 유의한 효과가 있음을 발견했다.[3] 신뢰는 사회적 안정과 국가의 부를 동시에 증진시키는 기능을 수 행한다. 신뢰가 생산성과 경제성장에 미치는 영향은 여러 연구를 통해 입증된다.

퍼트넘은 사회자본이 물적·인적 자본보다 경제성장에 더 중요 한 역할을 한다고 주장한다. 낵과 키퍼는 29개 국가의 세계가치관 조사(World Values Survey)를 바탕으로 한 연구에서 신뢰와 규범

---

3) D. Lederman, N. Loayza, & A. Menendez, "Violent Crime : Does Social Capital Matter?" *Economic Development & Cultural Change*, 50(3), 2002, pp.509~539.

이 경제성장과 투자에 긍정적인 영향을 미침을 보여주었다. 또한 이들은 41개국을 대상으로 신뢰의 경제적 효과를 조사한 연구에서 신뢰가 1인당 GDP 증가를 촉진시키는 효과가 있음을 보여주었다.

신뢰가 경제성장에 미치는 경로를 이들은 다음과 같이 설명한다. 즉 "① 신뢰가 높은 사회에서는 사적 소유권이 공적·사적 권력에 의해 침해당할 염려가 적기 때문에 부를 축적하기 위한 경제적 거래행위가 활성화된다. ② 고신뢰 사회에서는 동업자·종업원·부품공급업체 등 거래 당사자를 감시하는 데 시간과 노력을 낭비할 필요가 없기 때문에 신기술 개발을 위한 투자가 늘어나는 경향이 있다. ③ 계약의 실효성을 보장하는 정부의 기능이 취약하고 공식적 금융중개기관이 발달하지 못한 사회에서도 사람들 간에 높은 신뢰만 있으면 비공식적 제도에 의해 계약이 보호되고 신용이 제공될 수 있어서 경제적 효율성이 제고된다"는 것이다.

사회자본의 한계

인적·물적 자본과 마찬가지로 사회자본에도 부정적 측면이 있다. 자유주의자들은 '개인적 기회'라는 이름으로 중세의 길드로부터 이웃의 학교에 이르기까지 특정 형태의 사회자본을 파괴하려고 노력해 왔다. 사회적 불평등은 사회자본에도 배태되어 있다. 일부

집단에 적용되는 규범과 연결망은 만약 규범이 차별적이거나 연결망이 사회적으로 격리되어 있다면 다른 사람들을 방해한다. 공동체 생활을 유지하는 데 있어서 사회자본의 중요성을 인지한다고 하더라도 공동체가 어떻게 정의될 것인가, 즉 누가 내부에 있으며 누가 사회자본으로부터 혜택을 받을 것이고 누가 외부에 있으며 혜택을 받지 못할 것인가에 대해서는 항상 고민해야 한다. 사회자본의 특정한 형태는 공동체주의의 비판자들이 경고하는 것처럼 개인적 자유를 손상시킬 수 있다. '파벌의 해악'(mischiefs of faction)을 주창하는 많은 사람들의 두려움은 사회자본에도 그대로 적용될 수 있다. 대차대조표에 다양한 형태의 사회자본을 더하기 전에 우리는 이익뿐만 아니라 비용도 계산해야 할 필요가 있다. 법과 질서의 수호자인 정부가 국민의 신뢰를 잃고 정책 집행과정에서도 유용성이 떨어지면, 민간부문에서 자체적으로 질서를 유지하고 권익을 보호하려는 조직이 형성되는데 이 극단적인 사례로 남부 이탈리아의 마피아를 들 수 있다. 힘과 권력이 있는 인물을 중심으로 조직을 형성하고 그 안에서 인간관계를 돈독히 하는 것만이 정부와 타인에 대한 신뢰가 낮은 시칠리아에서 경쟁에 살아남고 사회적 신분을 높이는 방법이다. 시칠리아 주민들은 마피아가 지역사회의 규범과 질서를 실현하는 역할을 한다고 믿게 되었다.

　사회적 상호작용이론에 따르면 사회자본은 사람들이 자발적 단체활동을 통해서 서로 신뢰하고 협동하는 것을 배우는 과정에서 만들어진다. 토크빌(Tocqueville)은 평등을 지향하는 미국에서 민주주의가 개인간의 갈등과 투쟁으로 타락하지 않고 안정적으로 유지될 수 있는 원동력을 시민들의 자발적 단체에서 찾았다. 하지만 특정 시민단체는 사회 전체의 이익을 대변하는 데 목적이 있으나 그 목적을 이루는 과정에서 사회협력보다는 갈등을 심화시키는 경우도 있다. 또한 하향식 정부활동에 의한 사회자본의 증진은 자발성과 지속성의 결함으로 나타날 수도 있다.

사회자본의 증대 방안

심리학자들은 신뢰 증진 방안을 다양하게 제시한다. 나카야치(中谷內一也) 교수는 '신뢰획득 경로'를 다음과 같이 설명한다. 외부의존성이 높은 생활 영역에서 자기가 의존하는 사람이나 조직이 성실함과 공정함, 전문능력을 갖추고 있다고 느껴지면 그 상대방이나 조직을 신뢰하게 되고 안심하게 된다. 높은 기술력에 의해 인지되는 것은 '능력'이라는 요인일 뿐이고, 신뢰를 얻기 위해서는 또 하나 중요한 요인으로서 '동기'가 필요하다. 그 하위 요소로서 성실함, 정직함, 공정함 등 상황에 따라 다양한 요소가 존재한다. 또한 방향 일치를 통한 신뢰 획득이 중요하다. 위험관리에 종사하는 사람은 자신의 기술력 제고나 적극적인 업무 자세를 다른 사람들에게 이해시키는 것만으로는 충분하지 않다. 그 이전에 다른 사람들이 향하려는 방향과 자신들, 즉 위험관리기관이 향하려는 방향이 일치한다는 점을 그들에게 이해시키는 것이 필요하다.

심리학에서는 신뢰획득을 위한 '감정의 공유'를 중요하게 생각한다. 그러나 '감정에 지배당하는 것'과 '상대의 감정을 이해하거나 공유 하는 것'은 별개 문제다. 위험관리에 종사하는 사람이라면 먼저 감정적인 측면도 고려하여 위험에 노출되는 사람들의 마음에 단단히 귀를 기울이고 그들의 불안과 두려움을 이해할 필요가 있다. 그렇게 하는 것이 그들이 이쪽의 위험관리 방침에 귀를 기울이고 이해하게 만드는 첫걸음이 될 것이다. 사회가 서로 다른 입장의 사람들로 구성되어 있다는 전제를 없애고, 모든 사람이 '내 안에 있는 상대의 입장'을 이해할 수 있다면, 사회의 위험관리는 더 건전하게 만들 수 있다.

넓은 의미에서 훌륭한 법제는 그 자체가 사회자본이다. 법제는 다른 사회자본의 제도화를 촉진시킬 수 있다. 제도주의 경제학자들의 주장에 따르면, 부국과 빈국을 가르는 결정적 요인은 제도의 차이이다. 정책 당국은 사회자본을 간과하였던 법제 전반에 걸쳐 '사회자본'의 개념을 접목시키고 제도화를 통하여 다른 사회자본들을 확충·응용할 수 있는 방안을 찾을 수 있을 것이다.

우리 법제는 경제적 자본과 명령통제를 기조로 하는 경성규범(hard law) 일변도이기 때문에 사회자본의 제도화가 작동될 수 있는 법적 기반이 없다. 사회자본은 연성규범과 친하다. 다른 어느 법률보다 신뢰와 협동이 요청되는 노사관계 법률들은 신의 성실과 정당성의 원리 등을 표방하고 있음에도 경성규범의 전형을 보인다. '근로자참여 및 협력증진에 관한 법률'이나 '노사관계 발전지원에 관한 법률'과 같은 연성규범들은 '노동조합 및 노동쟁의조정법'과 같은 경성규범에 밀려 '보충적' 기능밖에 수행하지 못함으로써 경성규범과 연성규범의 공조와 공존을 무색하게 만든다.

우리나라에서 사회적 경제를 지향하는 '사회적 기업육성법'은 정부지원을 전제하지만, 사회적 경제를 기반으로 삼지 않고 사회적 기업의 직역이 지나치게 협소하기 때문에 연성규범이 아니라 경성규범으로서의 특징을 보인다. 협동조합기본법은 신생 조합들에 대하여 '법인화'의 경로만을 열어두었을 뿐 시종일관 사적자치(私的自治)의 원리에 입각하여 정부의 지원을 배제하는 문제점을 안고 있다.

'사회적 경제에 관한 유럽의회 결의'(2009)는 사회적 경제와 사회자본에 관한 정부와 지방자치단체의 배려와 지원을 요청한다. 입법론적 차원에서, 우리나라는 '사회자본활성화법'(가칭)을 제정하고, 행정부는 사회자본위원회(가칭)와 사회자본기금(가칭)을 설치하고 사회자본을 조성·운용할 인적 역량을 개발하는 사회자본원(가칭)을 설립하는 한편, 국가 차원의 사회자본활성화계획을 수립·시행할 필요가 있다. '사회자본활성화법'(가칭)은 연성규범 계열에 해당하기 때문에 명령·통제·처벌보다는 신뢰·협력·보상 그리고 네트워크 운영능력과 같은 내용에 중점을 두어야 할 것이다. 나아가 대부분의 공동체는 지방을 거점으로 활동하기 때문에 지방자치단체 차원에서 '사회자본활성화조례'(가칭)와 같은 입법 노력을 병행하여야 할 것이다.

한편 행정규제는 민간의 협동을 가로막는다. 규제 개혁 없이는 사회자본의 핵심요소인 협동이 곤란하다. 규제는 명령을 수반하고 명령은 협동을 해치기 때문이다. 명령과 통제 중심의 수많은 행정규제들을 시장과 공동체에 이관하는 '규제 패러다임'의 재편이 필요하다. 그동안 규제의 이관이 실현되지 못하였음은 민간의 역량 부족 문제도 있었으나 대체적으로 시장과 공동체에 대한 정부의 불신에 기인한다. 사회자본은 시장과 공동체뿐만 아니라 정부와 민간에도 필요하다. 정부와 민간의 신뢰가 확보될 경우에 행정청의 명령통제를 공동체(community)의 '자발적 협약'(VA)으로 대체하는 규제개혁 조치가 필요하다.

장기적으로는, 제도 개선이라는 차원에서, 명령·통제형 경성법제(hard law)에 자발·유인형 연성법제(soft law)를 접목시킬 수 있는 가능성과 경로를 열고 입법정비를 촉진시키기 위하여 관련 대학·기관·학회 등이 협력하여 분야별로 '모범연성법전'(Model Soft Code)을 제정·공표할 필요가 있다. '모범법전' 또는 '표준법전'이란 공신력을 가진 기관 또는 단체에서 주요 부문별로 입법 표준이 될 수 있는 학술적 법률안을 발표하여 공식 입법과정에서 이를 참고할 수 있도록 유도하는 것을 말한다.

각국의 역대 정부들은 누구나 규제개혁을 표방하였으나 행정규제는 없애는 만큼 다시 생겨났다. 규제 합리화와 관련된 정책과제는 규제를 만드는 과정에 이해관계자가 참여하여, 규제의 내용 그 자체 또는 규제의 실질적 집행 등의 분야 가운데 어느 분야가 특히 공동체 구성원들의 신뢰(trust)에 영향을 미치는가에 대한 규범적·체계적 분석을 할 필요가 있다. '대·중소기업의 상생과 일자리 창출 및 고용전환'은 상호연계될 수 있는 정책과제로서, 협동조합·사회적 기업·마을기업 등 중소자영업자들의 조직화를 유도할 수 있는 기업조직체에 대한 체계적 접근이 이루어진다면 의미 있는 성과가 도출될 것이다.

한국은 OECD 국가임에도 불구하고 대체적으로 사회자본이 부족하다. 이는 교양시민들의 시민참여(civic engagement)가 미흡하기 때문이다. 그래서 공론장이 쉽게 축소되고 사라진다. 송호근교수는 교양 시민층에 의한 공론장을 활성화시키고 이를 통하여 사회자본을 확산시킬 것을 제안한다. "서로 모르는 사람들이 공론장에 모여 공통쟁점을 가지고 논의해야 된다. 서로 아는 사람끼리만 모여서 얘기해 봐야 소용이 없다. 누가 한쪽으로 가면 다 그쪽으로 가버린다. 딴소리 하면 바로 공격받는다. 밑에서부터의 시민참여가 잘 이루어지면 공론장이 활성화되고 공론장이 활성화되면 그

가치를 대변하는 교양시민층이 생겨난다. 이 교양시민층이 사회자
본을 확산시키는 주도층이다."

갈등은 수많은 사회적 비용을 야기한다. 갈등이 없는 사회가 아
니라 갈등을 잘 관리하는 사회로 가기 위해 필요한 기술은 무엇일
까? 사회자본의 결핍으로 피폐화되거나 사회자본의 확충으로 지속
되는 공동체 사례들이 적지 아니하다. 예컨대, 한때 러시아 볼가강
을 가득 메우던 철갑상어는 이제 양식장에서나 볼 수 있다. 볼가강
의 어업인들은 인간의 이기심으로 시작되고 불신으로 지속된 남획
으로 인하여 이른바 '공유지의 비극'(tragedy of the commons)을
맞이하였다. 이에 비하여 스위스 퇴르벨 마을은 공동목초지 관리
규약을 통해 수백 년 넘게 협력해 왔다. 마을주민들은 공동목초지
에 올라가는 소의 숫자와 풀을 뜯어 먹는 넓이, 기간 등을 내용으
로 한 규약을 직접 만들고 스스로 지켜옴으로써 마을의 번영을 지
속적으로 유지해 왔다. 사회자본을 통한 공동체의 협력은 '함께 더
오래' 이익을 누릴 수 있음을 보여주는 예이다.

미국에서 선보이는 '지역공동체회'(community board)는 시민
사회가 운영하는 대체적 분쟁해결제도(Alternative Dispute
Resolution: ADR)의 하나이다. 이는 성숙한 사회로 가기 위한 '소
통의 기술'을 보여준다. 샌프란시스코 '커뮤니티 보드'의 창시자
숀 홀츠는 교회, 사회집단, 학교 등의 사회자본을 분쟁해결에 활용
하여, 법원이나 변호사를 이용하지 않고서도 자체적으로 문제를

해결할 수 있음을 시사하였다. 이 조직은 정부기관의 힘을 빌리지 않고 이웃 간의 분쟁을 해결하는 중재 모델을 이용하였다. 또한 스웨덴의 '알메달렌 정치박람회'(Almedalen Politics Week)는 모두가 자유롭게 토론할 수 있는 마당을 통해 사회를 통합하고 조화롭게 만드는 새로운 소통의 기술을 연마하고 있다.

우리나의 경우에도 최근에 시민운동의 양상이 투쟁형에서 협력형으로 변하고 있다. 이에 따라, 예컨대, 비정부기구인 만민공회(萬民共會, Korea People's Assembly)는 종래 모든 문제의 해결을 정부에 의존하고 정부에 촉구하던 정부모형을 벗어나 시민사회의 역량을 모아 소통을 활성화시키고 사회자본을 증진시킨다는 민간모형을 추구한다. 구한말 독립협회에 의하여 운영된 만민공동회를 본받은 만민공회는 공동선(共同善)에 기초한 일류사회 건설을 목표로 여론조사, 정책토론, 순회집회와 캠페인 등을 통하여 정치경제 현안들에 관한 개혁대안을 제시하고 이를 실천에 옮기고자 한다. 만민공회는 사회자본론에 기초하여 운영되지만 정책 참여를 목적으로 청원 웹사이트를 운영하고 자치와 분권이라는 관점에서 각 지역에 지방공회를 둔다.

'문화유산과 자연환경자산에 관한 국민신탁법'(2006)에 따라 협치(governance)형으로 설립된 자연환경국민신탁(National Nature Trust)은 기관 명칭이 시사하는 바와 같이 신뢰(trust)와 협동이라는 사회자본을 토대로 미래세대와 야생을 위한 서식지를 보전하고 생태계 서비스(ecosystem service)를 증진시키는 활동을 수행하고 있다. 유럽과 아메리카에서의 동향 그리고 우리 사회의 역동성과 다양성 등을 감안할 때 정부모형을 탈피하고 민간모형을 추구하는 사회자본형 NGO 내지 NPO 조직들은 앞으로 다양한 기능을 자발적으로 수행할 것으로 예상된다.

10

뉴밀레니엄, 빅데이터 시대를 어떻게 선도할 것인가

오재인

| 학력 |
- 휴스턴대학 경영학박사
- 서울대학교 경영대학 졸업

| 경력 및 활동사항 |
- 단국대학교 상경대학 학장
- 텍사스에이앤엠(PV)대학 교수
- 한국빅데이터학회/한국경영정보학회 회장
- 대통령 자문 전자정부특위 위원
- 국가DB포럼 공동의장

| 저서 및 논문 |
- 빅데이터 비즈니스 추진전략과 방향
- 스마트 국가정보화를 위한 CIO길라잡이
- 도시와 유비쿼터스 융합
- 유비쿼터스 시대의 경영정보학개론
- 인터넷과 마케팅인터넷비즈니스

오재인 | 단국대학교 상경대학 학장

뉴밀레니엄, 빅데이터 시대를 어떻게 선도할 것인가

뉴밀레니엄 디지털 골드러시, 빅데이터

"21세기 원유로 비유되는 빅데이터는 물적자원 없이도 창의성과 아이디어로 고부가가치와 일자리를 창출하는 창조경제의 신자본…"

"과거 강원도가 천연자원으로 우리 산업화를 뒷받침했다면 앞으로는 빅데이터 산업이라는 새로운 자원으로 우리 경제의 도약을 이끌어 가게 될 것…"

대통령이 지난 2015년 5월, 강원창조경제혁신센터 출범식에서

한 연설의 일부이다. 지난 미국 대선 때 오바마 진영은 유권자들의 빅데이터 분석을 통해, 소셜미디어에 '좋아요'라고 한 유권자들에게 경합주 친구들을 설득토록 요청함으로써 경쟁자였던 롬니를 이기는 데 크게 도움을 받았다고 한다.

업계에서도 빅데이터의 효과는 지대한 바, 뉴욕증권거래소는 시장, 소셜미디어, 거래, 콜 등의 빅데이터를 기반으로 주가예측모형을 개발한 바 있다. 우리나라에서도 소셜미디어, 카페, 블로그, 증권포털 등에 산재해 있는 관련 빅데이터를 수집하고 그 패턴을 분석 후 시각화한 주가조작 분석모형을 개발하여 자본시장의 교란을 차단하는 데 활용하고 있다. 나아가 의료업계는 빅데이터를 활용, 환자 증세를 유형화하고 좀더 신속하게 진단해서 의료서비스 품질을 개선하는 등 환자를 좀 더 폭넓게 이해하는 계기를 만들고 있다. 도시계획 담당자는 현재의 문제점과 시민들의 선호도를 파악해 교통량을 줄이고 에너지 효율을 높이고 있다. 스포츠 지도자는 선수들의 부상을 예방하고 운동능력을 향상시키며 경쟁력을 강화하고, 헤드헌터는 기업의 채용계획을 파악하고 직원들의 성과를 평가하는 등 관련 빅데이터 분석을 통해 직무능력프로그램을 강화하는 계기를 마련하고 있다. 마케팅 분야에서는 고객과 접점 만들기, 개인화 서비스 개발, 상품에 대한 고객 반응 파악 등의 효과를 거두고 있다. 이에 발맞추어 우리 정부도 공공정보를 개방 공유하고 부처간 소통

협력을 내용으로 하는 정부3.0 비전 달성을 뒷받침하기 위해 빅데이터센터, 관련 위원회 설치 등 글로벌 트렌드에 적극 부응하고 있다. 또한 한국빅데이터학회 등 유관 단체들의 전문가 양성 성공 사례 도출 및 홍보 등 부단한 노력은 매우 고무적이 아닐 수 없다. 이에 부응하듯 심야버스노선 재수립, 소상공인 입점 컨설팅 등 빅데이터를 분석 활용한 성공 사례도 봇물처럼 쏟아져 나오고 있다.

빅데이터를 미국 서부개척시대인 19세기 중엽의 골드러시에 빗대어 설명해 보자. 캘리포니아 새크라멘토 동쪽에서 사금이 발견되자 그 소문은 급속히 퍼져나가, 금을 찾아 행운을 누리려고 미국 전역에서 몰려들었고, 무려 5.5억 달러에 달하는 금이 채굴되었다고 한다. 이러한 일확천금을 꿈꾸는 사람들은 1849년에 절정을 이루어 '49ers'라는 미식 축구팀 이름까지 생겨났다. 이렇듯 오프라인 시대에 골드러시를 촉발한 신대륙이 '미국'이었다면, 뉴밀레니엄 창조경제시대의 신대륙은 '스마트국가'이고 그 경쟁 원천은 바로 '빅데이터'이다. 따라서 필자는 19세기 미국의 '골드러시'에 견주어, '뉴밀레니엄 디지털 골드러시'의 대상이 바로 빅데이터라고 부르는 데 주저하지 않는다.

이러한 빅데이터는 관련 서비스 소프트웨어 하드웨어 등에 대한 파급효과도 지대하여, 일자리 창출을 통한 청년실업 해소와 장기 불황 타개 등 우리 경제를 지원하는 견인차 역할을 할 것으로 기대된다. 빅데이터 분야는 경영학 통계학 컴퓨터공학 등 다양한 학문 분야의 협업 및 융합이 전제되어야만 가능해진다는 점에서, 창조경제시대에 절실히 요구되는 융합형 산업육성 및 인재양성에도 크게 기여할 것이기 때문이다. 더구나 우리나라는 인터넷 보급률이나 스마트폰 이용률이 세계 선두를 유지하고 있어, 빅데이터 전망을 더욱 밝게 하는 등 글로벌 빅데이터 시대를 선도할 수 있는 잠재력을 보유하고 있다. 하지만 잇따른 금융권의 개인정보 유출로 빅데이터와 관련된 우려도 만만치 않은 실정이다.

본고에서는 먼저 우리가 빅데이터에 관심을 가져야 하는 이유와 여전히 논란인 빅데이터의 정의에 대해 살려본 다음, 빅데이터 관련 글로벌 및 국내 동향, 끝으로 우리나라가 빅데이터 시대를 선도하기 위한 전략을 제시하고자 한다.

왜 빅데이터 인가?

빅데이터와 의사결정
전 세계적으로 빅데이터에 대한 열기가 갈수록 뜨거운 이유는 무엇일까? 결정적인 이유는 의사결정을 획기적으로 개선시켜주기 때문이다. 우리는 날마다 시시각각 의사결정을 하면서 산다. 우리 인생은 의사결정의 연속이라고 해도 과언이 아니다. 정부나 기업도 마찬가지로 정책의 수립 집행 환류 그리고 영업 재무 생산 인사 조달 등 각종 의사결정을 반복하는데, 신속 정확한 의사결정을 할수록 그 조직은 경쟁우위를 확보하게 됨은 자명하다.

이렇듯 의사결정 과정에서 빅데이터의 중요성에 대해, 필자는 다음 그림과 같이 '신의 영역'(Domain of God)으로의 접근 시도라는 방법으로 설명하고자 한다. 먼저 왼쪽 원에서, 그간 우리 인간은 통상 확보 가능한 '정형 Data' 기반으로 의사결정을 하였다. Data 확보가 불가능한 나머지 영역은 '직관'(Intuition) 영역, 즉 '신의 영역'인 셈이다. 하지만 빅데이터의 출현과 의사결정에의 활용이 가능해짐에 따라, 오른쪽 원과 같이 '직관'의 영역은 줄어

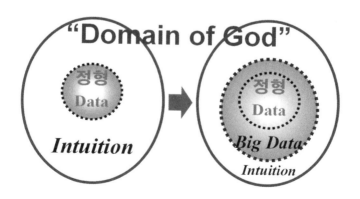

들게 되었다. 그 결과, 우리 인간은 좀더 '신의 영역'에 가까이 접근하게 되었고, 갈수록 더 접근하게 될 것이다. 이제 빅데이터는 전문가들에게뿐만 아니라 상식 퀴즈에 나올 정도로 일반인에게도 매우 친숙한 단어가 되었다. 빅데이터가 전 세계적으로 화두인 이유는 저비용 고효율의 빅데이터 분석 및 활용을 통해, 국가는 정책역량을 강화하고 대민서비스를 제고하며, 명백한 증거를 확보함으로써 미연에 이해관계자 간 갈등을 방지하게 되었기 때문이다. 기업 또한 갈수록 경쟁이 치열해지고 불확실한 글로벌 환경에서 리스크의 최소화로 경쟁력을 제고하게 되었다. 개인 또한 빅데이터 분석 결과를 활용, 삶의 질이 향상되었을 뿐 아니라, 요즘과 같은 취업난에 주위 동료들보다 경쟁우위를 손쉽게 확보할 수 있기 때문이다.

특히 공공부문은 정책 내용이 아무리 상식적이고 논란의 여지가 없더라도 그 집행을 위해서는 첨예한 이해관계자들을 승복시키기 위한 객관적이고 명백한 증거가 필요하다. 예컨대 서울시는 심야 승객의 통화량에 대한 빅데이터 분석을 통해 기존의 남부순환로에 다니는 심야버스 노선을 승객이 훨씬 더 많은 남부터미널 쪽으로 변경한 바 있다. 남부순환로가 한산해 승객이 별로 없다는 사실은 누구나 아는 상식이다. 하지만 시 보조금 등 첨예한 이해관계가 걸려있는만큼 버스사업자를 포함한 다양한 이해관계자들을 설득하기 위해서는 빅데이터 분석을 통한 객관적이고 명백한 증거가 필요했던 것이다.

빅데이터는 왜 최근에야 글로벌 화두가 되었을까?

첫째, 기술 측면에서 스마트폰, 소셜미디어 등의 확산 및 보편화로 데이터가 폭증하였다. 예컨대 인류의 기록문화가 시작된 이후 지난 5,000년간 축적된 데이터의 양이 대단히 많아 보이지만, 요즘에는 이틀이면 그 정도에 맞먹는 양의 데이터가 축적되고 있다. 더구나 분석기술이 발전하고 빅데이터 저장소인 서버의 값도 하락일로에 있다.

둘째, 조직 측면에서 데이터의 홍수로 인해 방치되는 경우도 다반사이기 때문에 데이터 보유보다는 그 분석 및 활용이 훨씬 더 중요한 이슈로 등장하였다. 따라서 단순 통계분석보다는 그 결과를 해석하고 활용하는 능력이 절실히 필요하게 되었다.

셋째, 환경 측면에서 산업시대의 아이콘이 철 석탄 석유였고 정보시대가 인터넷이라면 최근 스마트 소셜미디어 시대의 아이콘은 빅데이터이다. 새로운 소셜미디어 데이터를 활용하고 또 그간 방치되었던 데이터 등 빅데이터를 수집 분석함으로써 객관적이고 명백한 증거를 기반으로 정부는 사회 현안을 해결하고 기업은 경쟁력을 제고하며 개인은 삶의 질을 향상하는 획기적인 전기를 마련하게 되었다.

세계는 어떻게 움직이고 있는가?

미국 영국 일본 등 선진국들은 일찍부터 빅데이터의 유용성을 간파하고 그 활용을 강화하기 위한 연구개발 이니셔티브정책을 추진하여 왔다. 먼저 국가별로 빅데이터 추진 정책을 살펴본 다음 공공부문과 민간부문에서의 성공 사례를 분석해 보자.

선진 각국의 빅데이터 정책

먼저 미국은 오바마 2기를 맞아 열린정부 완성을 위한 '오픈데이터 정책'을 추진하였다. 그 내용은 오픈데이터 정책에 대한 기본 원칙, 정책 수립의 주체와 이행기관, 정책이행을 위한 요구사항 등으로 구성되어 있다. 투명성 제고, 일자리와 비즈니스 창출 등을 위해 모든 공공정보를 기계판독 가능한 오픈 포맷으로 개장한 결과 가상데이터 활용으로 4,000개의 일자리가 창출되고 GPS 데이터 가치는 900억 달러에 달하는 성과를 거두었다.

영국은 공공데이터를 활용해 정부 투명성 제고와 경제적 이익을 실현할 수 있도록 '투명성 아젠다'와 '투명성 원칙'을 발표하였는데, 이로 인해 약 6만 개의 일자리가 창출되었고 그 잠재가치는 약 150억 파운드에 이를 것으로 예상된다. 구체적으로 데이터의 재사용과 자유로운 활용 기계판독 가능한 형태의 데이터 공개 단일 포털을 통한 데이터 제공 등이 포함된다. 또한 영국은 데이터 기반의 정부 정책을 추진하기 위해 Horizon Scanning Center(HSC)를 설립해 기후변화를 예측하고 전염병 예방책을 마련하며 비만대책을 수립하는 등 영국의 미래를 과학적이고 체계적인 방식으로 연구 중이다.

일본은 데이터를 개방하고 기반기술 연구개발 및 표준화, 활용 인재의 확보, 사물 간 통신의 촉진, 규제의 개선, 성과평가방법의 마련 등 빅데이터 활용 기본전략을 발표하였다. 공공데이터 개방은 총리 직속의 IT전략본부가 총괄하고 그 적용대상은 중앙정부와 지자체이며 데이터제공 플랫폼은 'opendata.openlabs.go.jp'이다.

프랑스도 공공데이터를 개방하기 위해 부처별로 담당관을 설치하고, 조직간 업무를 분담하며, 데이터 제공 형식 등을 정의한 '공공데이터 제공지침'을 수립하였다. 구체적으로 공공데이터 개방 관련 정책을 지원하기 위한 수상 직속의 T/F를 설립하고 공공데이터 활용을 촉진하는 프로젝트인 'Dataconnexions'를 추진중이다.

공공데이터 개방은 총리실이 총괄하고, 정부기관이 적용대상이며, 데이터제공 플랫폼은 'data.gouv.fr'이다.

이렇듯 선진국들은 빅데이터 관련, 오픈을 기조로 정책을 추진하고 그 결과 다양한 많은 일자리 창출 효과를 거두고 있다. 또한 총괄하는 부서가 명확하고 적용대상은 공공부문이며 빅데이터 제공 플랫폼도 보유하고 있다. 이러한 정부 정책에 힘입어 공공부문에서의 다양한 사례로 발전을 거듭하고 있다.

지방정부·행정기관의 빅데이터 활용 사례

미국 보스턴은 스마트폰 앱을 통해 시민이 직접 수집하는 빅데이터로 실시간 도로상황의 변화를 체크하여 신속한 도로 유지·보수체계를 구축하였다. 통상 발생하는 도로 파손은 예측하기 어려울 뿐만 아니라 30~40명의 직원들이 다른 업무와 병행해서 확인했었다. 포장 상태가 좋지 않은 도로를 자주 달리는 차량은 연료도 많이 소모되고 고장도 잦다는 점에서 착안하여, 모바일 앱인 Street Bump를 차량에 설치해 도로상태를 자동으로 인식하여 도로관리국 수집서버에 전송하면 곧바로 보수를 실시하였다. 그 결과 신속한 도로 유지·보수로 차량 파손을 최소화하고 사고를 방지함으로써 도로 복구에 소요되는 예산과 시간을 대폭 절감하게 되었다.

미국 국세청의 탈세방지시스템은 사기방지 솔루션 소셜네트워크 분석 데이터 통합 및 마이닝 등을 활용해 세금 누락과 불필요한 세금 환급을 줄여주고 있다. 탈세 및 세금 사기와 관련된 지구촌 지하경제 규모는 전체 GDP의 18%에 이르고 미국 탈세 금액은 2010년을 기준으로 저소득층 의료보장 총액을 상회하는 지경에 이르렀다고 한다. 따라서 탈세 관련 이상 징후를 찾아내고 예측모델링을 통한 과거 행동정보를 분석하여 사기 패턴과 유사한 행동을 검출하고 범죄 네트워크를 도출하였다. 그 결과 탈세자 수는 감소하고, 사기 범죄 및 탈세 사건을 미연에 방지하는 등 연간 3,450억 달러에 이르는 세금 누락과 불필요한 세금환급을 예방하고 있다.

이탈리아 밀라노는 일정기간 교통량 속도 기후 등 빅데이터를 종합 분석해 신속하고 정확한 내비게이션 서비스 및 최적의 교통 안내 서비스를 제공한다. 차량의 비효율적인 이동은 생산성 저하 에너지 낭비 배기물 증가 등을 초래하게 되는데, 900여 개 센서를 도로 곳곳에 부착하고, 5분 간격으로 교통 흐름량과 속도를 측정한 결과 빅데이터와 함께 1시간 간격으로 기후변화 조건을 반영한 센서지도를 구축하게 되었다. 또한 5~15분 간격으로 수집된 데이터를 분석, 향후 2~24시간을 예측하게 되었다. 그 결과, 교통 흐름에 영향을 끼치는 기후, 시간 등을 고려한 최적화된 길찾기 서비스를 안내하고 정확한 교통 흐름까지 제공하게 되었다.

민간 부문에서의 빅데이터 활용 사례

구글은 이 세상 모든 책을 디지털화한다는 목표로 구글 북스 라이브러리(Google Books Library)를 구축해 왔다. 구글 엔그램 뷰어(Google Ngram Viewer : GNV)를 통해 분석해 보면 그 결과는 놀랍다. 예컨대 Father와 Mother 관련 빅데이터를 분석하면 1970년대에 Mother의 빈도가 처음으로 Father를 앞지르는데 그 이유는 제1차, 제2차 세계대전을 거치면서 여성에 대한 인식이 상승하다가 1970년대 이후 페미니즘운동의 영향으로 역전되었기 때문이다. 또한 Gold, Oil을 비교해 보면 전통적으로 Gold에 대한 관심이 압도적이었다. 하지만 1940년대 2차 세계대전을 겪으면서 Oil의 필요성이 급증해 역전하기 시작하다가 1980년 무렵 오일쇼크 이후 그 역전은 굳혀진다. 나아가 구글은 전문가가 번역한 문건을 DB화해서 비슷한 문장과 어구를 대응시키는 통계적 기법을 활용해 실시간 자동번역 시스템도 제공한다. 기존의 명사, 동사 등 구조와 음운을 이해시키는 방법을 탈피하고 전문가가 번역한 문건을 DB화해서 비슷한 문장 어구를 DB에서 추론하는 통계적 기법을 개발하는 등 빅데이터 방식을 스펠체크와 음성인식에 적용할 뿐만 아니라 이미지 안의 텍스트까지도 스마트폰에서 번역이 가능하게 되었다. 그 결과 문서가 계속 증가하고 축적됨에 따라 번역의 정확도가 높아지고 전세계 58개 언어를 교차 번역 서비스를 실시한 결과 선진국 언어의 번역 수준은 전문 번역사 정도라고 한다. 또한 구글은 자사 홈페이지에서 독감, 인플루엔자 등 독감과 관련된 검색어 쿼리 빈도를 조사하여 구글 독감동향(Google Flu Trends)이라는 독감확산 조기경보체계를 제공하였다. 스마트폰 Wi-Fi 등 편리한 인터넷 사용환경이 조성되고 정보검색이 용이해짐에 따라 후속 상황을 예측할 수 있는 빅데이터가 실시간으로 누적되고 사용자의 현재 상태나 상황에 대한 내용이 담겨 있어 사회적 변화나 흐름도 파악이 가능하게 되었다. 그 결과, 미국 보건당국보다 앞서 시간 및 지역별 독감 유행 정보를 제공하고 검색 빈도와 실제 독감환자 숫자 간에는 매우 밀접한 상관관계가 있음을 밝혀내기도 했다.

미국 대형할인점인 타겟(Target)은 나이 어린 여고생에게 육아용품 쿠폰을 발송해 부모로부터 극심한 항의를 받은 적이 있었다. 하지만 결과적으로 타겟이 옳았고 그 부모는 사과해야 했다. 타겟은 어떻게 그 여고생이 임신한 줄 알았을까? 그간에 축적된 고객의 빅데이터 분석을 통해 임산부의 특징에 해당되는 쇼핑 패턴을 그 여고생이 보여 왔기 때문이었다.

일부 보험회사들은 보험료 견적을 뽑는 기준으로 기존의 방법인 나이 결혼 여부 운전경력 사고유무 등을 버리고 빅데이터에 기반한 피보험자의 운전자 습관과 인터넷 사용 행태를 분석한다. 즉 무선통신을 활용해 최고속도 사고위험률 브레이크 습관 등 운전 습관과 방문한 유튜브(레이싱을 즐기는지 여부 등) 소셜미디어 기록을 추적해서 이 자료를 보험료 산정시 반영하는 것이다. 그 결과 사후처리가 아닌 사전 예방적으로 보험사고에 대비할 수 있게 되었다.

미국의 T-Mobile은 가입자의 이탈이나 해지 원인을 규명하기 위해 관련 빅데이터를 활용하여 특정 기간의 해지자 통계를 추출하고 자주 통화하는 사람들과의 통화 빈도를 추적하였다. 그 결과 한 명의 고객 해지시 인적 네트워크에 포함된 70% 정도의 고객이 추가로 이탈한다는 사실을 알게 되었다. 네트워크가 넓은 고객을 중점 관리함으로써 해지율을 낮춤과 동시에 그로 인한 매출감소도 최소화하게 되었다.

덴마크의 베스타스윈드시스템은 풍력 발전회사로서 바람의 방향과 높이에 따른 변화요소 날씨 조수간만의 차이 지리적 데이터 날씨 모델링 조사 등 빅데이터를 활용해 효율적인 발전시스템을 운영하는 기반을 마련하였다. 그 배경은 저탄소 녹색성장을 위한 대체에너지로서 풍력발전에 대한 관심이 고조되었고 기후변화 협약인 교토의정서에 따라 온실가스 배출량을 감축하는 것이 법정의무화되었기 때문이었다. 풍력 터빈 풍력단지 설계를 위한 기상 지형데이터 분석 시스템을 구축함으로써 공공 및 상업 기상데이터를 분석하는데 기존 수 주에서 1시간 이내로 단축하였다. 그 결과 탄소 배출량이 감소되고 다양한 빅데이터를 기반으로 하는 풍력자원지도 작성도 가능하게 되었다.

선진국 민간부문에서 빅데이터를 활용해 성공한 사례를 종합해 보면 개별 고객에 대한 맞춤형 서비스를 제공하기 위한 목적이 가장 많았다. 보험이나 와인 등의 가격 예측 독감 예보 기후 예측 등 회사의 리스크를 줄이기 위하여 다양한 사례에서 활용되고 있음을 알 수 있다.

우리는 어떻게 대응하고 있나?

빅데이터의 중요성을 인식하고 활용하고 있는 선진국들과 보조를 맞추기 위하여 우리나라도 빅데이터 기반의 정부3.0 추진을 통해 지능형 스마트 시대로의 변화에 대비하고 있다. 이는 빅데이터 기반의 과학적 정책수립과 국정과제의 수행 시도이다. 우리나라는 1인당 모바일 트래픽이 월 1테라바이트 정도로 세계 평균의 10배인 데이터 생산 강국이다. 따라서 데이터 기반의 국민 맞춤형 서비스를 제공하는 정부3.0으로의 변화에 대한 요구가 거셀 수밖에 없다. 의료 복지 교육 등 국민생활과 직결된 분야에 빅데이터 활용을 확대하고, 국민맞춤형 지능형 서비스를 제공하고 국가적 현안에 적극 대응해야 한다. 구체적으로 우리 정부는 빅데이터를 단계적으로 확산하기 위해 3단계 로드맵을 추진하여 왔다. 1단계 기반구축은 2013~2014년으로 빅데이터 기반을 조성하고 시범과제를 선정하여 추진하는 것으로 국민수혜 국정과제 활용효과 등을 고려해 시범과제를 추진했다. 2단계 확대발전은 2015~2016년으로 빅데이터 관련 기술을 개발하고 인력을 양성하며 과제를 확산하는 것이다. 시범과제에 대한 평가결과를 반영하여 적용 가능한 과제를 발굴 및 확대한다. 3단계 고도화는 2017~2018년으로 국가 전반에 걸쳐 빅데이터를 활용하고 기술 수준을 고도화하는 단계이다. 바로 전단계인 확대 발전에서 시범 과제를 중심으로 전국적으로 확산할 예정이다.

이러한 빅데이터 기반의 정부3.0 그리고 3단계 로드맵을 바탕으로 우리 정부의 정보화 시행계획 기반의 빅데이터 추진현황을 살펴본다. 먼저 범정부 차원에서 빅데이터 정책 허브 역할을 하는 미래창조과학부 행정자치부의 추진현황을 알아보고 민간 파급효과가 지대한 공간 기상기후통계 등 빅데이터 구축현황을 살펴본 다음, 대민서비스를 획기적으로 개선한 버스노선 재수립 상권 분석 등에 대해 알아본다. 국가 빅데이터 정책의 허브인 미래창조과학부는 차세대 인터넷비즈니스 경쟁력을 강화하기 위해 빅데이터 활용 스마트서비스 시범사업 빅데이터 활성화 기반 구축 산업화 지원 여건 조성 빅데이터를 활용한 미래전략 수립 지원 등을 추진하고 있다. 또한 DB산업 육성 국가DB 확충 및 활용강화 국가과학기술지식정보서비스 사업 방송통신인프라 원천기술개발 SW컴퓨터산업 원천기술개발 정보통신 및 방송 표준개발 지원 등도 병행하고 있다. 행정자치부는 고도화된 정보유통 인프라를 통해 다수 보유기관의 정보를 융합하여 생활공감형 통합정보를 일괄 제공하는 맞춤형 정보유통 서비스를 제공하고 있다. 과거에는 민원 관련 정보를 개별 기관이 관리하여 국민은 민원 신청시 여러 기관을 방문해 구비서류를 지참해야 했고 기관별 정보의 중복 수집 및 관리로 예산 낭비가 발생하였다. 그러나 최근들어 행자부는 미환급금 찾아주기 도로명 주소 전환지원 자격증 정보 통합조회 유실물정보 맞춤형유통 행정정보 소재안내 등 각종 서비스를 통합해서 일괄 제공하는 유통기반의 서비스를 제공하게 되었다. 그 결과 민원 관련 개인정보의 통합 관리로 예산을 절감하고 보안문제도 해결하였으며 민원 신청에 필요한 서류 구비에 따른 불편도 최소화하였다. 또한 행자부는 재난 상황을 실시간으로 파악하고 능동적으로 분석해 국민의 신속한 안전 확보를 지원하기 위한 통합형 재난안전 스마트 빅보드를 운영하고 있다. 기존에는 재난 안전사고 발생시 언론사나 지자체 제공 영상 정보를 수동적으로 이용하는 데 그쳤다. 그러나 스마트 빅보드의 운영으로 재난 상황을 전자지도로 표출하며, 재난 예측 및 피해 시뮬레이션 결과를 바탕으로 과학적인 재난 의사결정을 지원하게 되었다. 또한 빅데이터 공통기반을 확대하고 스마트 재난상황체계 등 시범과제도 구축하고 있다.

국토교통부는 여러 기관에서 개별적으로 구축 활용했던 공간 정보를 통합 연계하여 행정업무 수행시 공동으로 활용할 수 있도록 공간정보 통합체계를 구축하고 활용수요가 높은 공간 정보는 민간에도 제공하고 있다. 스마트 모바일 가상공간 등 융복합 기술의 발전으로 공간 정보에 대한 수요가 증가하게 되자 토지, 도로, 지하시설물 통계 등에 관한 빅데이터도 구축하였다. 국가공간정보를 공동으로 활용하기 위하여 25개 기관의 76개 시스템을 연계하고 국가공간정보센터를 통해 행정 수자원 및 해양 환경 산림 보전지역 토지 지형 지질 관광 및 문화 택지정보 도시계획 해안선 교통 CCTV 국가교통 등으로 개방 대상을 확대하고 있다. 그 결과 공간 빅데이터 기반의 새로운 가치 창출형 분석모형을 개발하고 분산관리되었던 국가공간정보를 통합해 필요한 국민에게 제공하고 보다 정확한 국토계획 수립이 가능하게 되었다. 나아가 국토교통부는 국가교통 빅데이터 체계를 구축하여 융합DB와 분석모델의 개발 및 활용기반 조성, 공간 빅데이터 기반과 분석플랫폼, 품질관리체계 등을 구축하고 있다.

기상청은 방대한 기상 데이터를 기반으로 기상 전문가의 지식과 추론에 의존하던 위험기상 예측 분야에 빅데이터 분석 기반의 과학적인 예측모델을 도입하게 되었다. 과거 일기예보의 문제점은 관측데이터 과거 데이터 수치모델 활용 데이터에 한정하여 전문가의 지식과 추론에 의존하고 방대한 데이터를 인간 해석에 의존하였다는 것이다. 따라서 위험기상 예측은 유사한 기상상황에서도 지역적으로 매우 상이한 특성을 보였다. 최근 기상청은 호우 풍랑 대설 강풍 한파 폭염 낙뢰 등 7가지 위험기상의 발생 가능성을 예측하는 지역별 맞춤 모델인 Support Vector Machining (SVM)을 생성하게 되었다. 그 결과로 위험기상에 대해 65~80%의 정확성을 보인다. 더 나아가 전세계 기상정보를 국내 항공사에 무료 제공하고 일반 국민도 활용 가능토록 할 계획이다. 또한 기상청은 국가기후 자료를 관리하고 농업, 관광 등 분야별 맞춤형 기상기후자료 서비스도 구축한다. 민간 파급효과도 대단한데, 기상청은 기상 빅데이터를 경영에 활용케 함으로써 다양한 업종에 부가가치를 창출하고 기상재해로부터 안정성을 획득한 기업에 날씨경영인증제도를 수여하고 있다. 예컨대 한국전력거래소는 한파 폭염 미래전망 등 기상 빅데이터를 활용해 전력수요를 예측하고 실시간으로 통계를 운영한 결과 발전연료비를 연간 5,400억 원 정도 절감하게 되었다. 대한항공은 자체 기상제공시스템을 활용하여 기상 조건에 맞는 운항절차 운항시간 조정 등으로 국내선 결항률은 38% 회항률은 44%

비정상 운항은 80% 감소하는 성과를 거두었다.

지자체 중 서울시는 기존에 민원이나 버스사업자에 의해 결정되었던 버스노선을 빅데이터 분석 결과를 반영하여 신뢰할 수 있고 과학적인 행정을 구현한 시민서비스로 이미지를 제고하였다. 심야시간대 유동인구의 밀집도를 분석하여 시민의 이동경로에 따른 버스노선이 가장 필요한 곳을 중심으로 구역을 설정하고 이용객의 최적화된 수준을 효율성 관점에서 고려해 배차간격도 조정하였다. 빅데이터 기반의 버스노선 정책으로 버스 운송량 증가와 노선에 대한 지역간 분쟁 소지를 차단하고 기존 노선에 비해 만족도가 향상되었다.

산업통상자원부는 소상공인 지원 ICT융합 플랫폼을 구축하여 빅데이터 분석을 통한 상권분석 및 협업화 교육 컨설팅 등 소상공인이 필요로 하는 ICT 융합 정보를 원스톱으로 제공하고 있다. 이로써 상권정보시스템 기능이 강화되고 점포의 변화이력(과거, 현재, 미래 예측)과 창업 진출입 예방 및 판단을 위한 통계적 과학적 분석 정보의 제공이 가능해졌다.

경찰청은 발생한 범죄 빅데이터를 수집 통합 분석하여, 추가 범죄의 가능성과 방향성을 찾고, 우선 수사대상자 및 대상 지역을 선별하기 위한 지리적 프로파일링 시스템을 구축 운영하고 있다. 방대한 범죄수사 자료가 축적되고 수사기법은 진화되어 왔으나 우리 실정에 맞는 지형 공식이 없었다. 즉 범죄 현장에서 수집된 데이터를 이용해 범인의 행동이나 심리적 특성을 추론해 용의자를 특징 지을 수 있는 인구통계적 특성 및 단서를 도출하는 지리적 프로파일링 시스템 개발의 필요성이 대두되었다. 즉 범죄 유형별 위험지역을 한 눈에 볼 수 있게 시각화하고, 범죄 위험도에 따라 순찰차를 배치하고, 순찰 경로를 선정하는 것이다. 그 결과 강력범죄 발생이 감소하게 되었고 국민에게 생활치안 정보를 공개함으로써 지역 치안에 대한 관심을 고조시키는 등 범죄 예방효과도 거두었다.

금융감독원은 저축은행의 과잉 실적중심 운영에 따른 불법 및 부실여신 사례가 증가함으로써 많은 서민이 피해를 보는 사태가 발생하자 저축은행의 여신 관련 빅데이터를 분석해 불법 및 부실 혐의 여신에 대한 사전 탐지체계를 구축하였다. 이로써 저축은행이 취급하는 대출 내역 및 대주주 정보 신용평가사의 기업신용정보 등을 매월 분석하여 16개 유형으로 DB를 구축하고 재무 관련인 간의 보증 및 담보내역 신용평가사 계열관계 등 빅데이터를 활용한 연관성 분석으로 대주주 신용공여 등 은폐된 불법혐의 여신을 탐색할 수 있게 되었다. 그 결과 현장 검사의 체계적인 지원으로 보다 집중적이고 효과적인 여신 검사가 가능해졌고, 365일 상시감시 및 준법의식 제고로 불법부실 여신 취급을 자제하도록 하는 예방효과도 거두고 있다.

　문화체육관광부는 트위터 블로그 온라인뉴스 등 36억여 건의 메시지 빅데이터 분석을 통해 문화 체육 관광 관련 정책을 수립하기 위한 국민 의식을 파악하였다. 국민의 여가에 대한 인식현황 파악은 정책 수립에 긴요한바, SNS와 온라인 뉴스 등의 분석으로 우리 국민의 라이프스타일을 파악하게 되었다. 일정 기간 언급이 증가한 키워드와 연관어를 분석한 결과 사소한 일상을 소중하고 행복하게 여기고 혼자 즐기는 추세로 나타나고 일상생활에 밀접한 연관어에 관심이 고조되고 있으며 현 정부 4대 국정기조 중 국민행복이 48%로 가장 많이 언급된 키워드로 나타났다. 그 결과 정부에 대한 국민의 기대가 국민안전, 안보, 일자리, 건강, 문화 등인 것으로 파악되어 그에 부응하는 정책을 수립하고 지원하게 되었다.

　빅데이터는 민간부문에서도 큰 성과를 거두고 있다. GS SHOP은 맞춤형 고객 상품 추천서비스를 빅데이터 기반으로 개발하여 사용자의 사생활은 침해하지 않으면서 드러나지 않은 의도를 파악해 새로운 통찰력을 제공하였다. 아마존닷컴의 추천시스템을 벤치마킹하고 국내 유통업계 최초로 하둡 기반의 빅데이터 플랫폼 및 상품추천시스템을 구축, 사용자의 구매내역을 바탕으로 상품선택 패턴을 분석한 다음 그 결과를 토대로 사용자가 관심을 가질 만한 신제품이나 관련 상품을 맞춤식으로 추천하는 서비스를 구축하였다. 그 결과 다양한 몰에서 사용 가능한 빅데이터 플랫폼을 마련하고 상품의 기획과 준비 단계를 지원하고 보다 정교한 실시간 상품 추천이 가능하게 되었다. 유유제약은 특정 단어에 대한 소비자의 부정적인 인식을 직감하고 그런 인식을 극복하기 위한 마케팅 기법을 발굴하기 위해 빅데이터 분석 기반의 베노플러스겔 마케팅을 도입하였다. 베노플러스겔의 멍, 붓기 등 다양한 효능에 대해 소비자가 떠올리는 이미지를 분석한 결과, 민간 요법에 가까이 링크된 사실을 발견하였다. "계란은 드세요. 멍은 베노플러스가 뺄께요"라는 광고 메시지를 개발, 마케팅 대상을 어린이에서 여성으로까지 확장하게 되었다. 그 결과 제약 관련 마케팅에 기여할 뿐만 아니라, 민간요법과 같은 잘못된 소비자 인식도 개선하게 되었다.

빅데이터 시대를 선도하기 위하여

이제까지 '뉴밀레니엄 디지털 골드러시' 대상인 빅데이터와 관련된 정책, 활용 사례에 대해 글로벌 동향과 국내 대응 그리고 공공부문과 민간부문의 성공 사례에 대해 살펴보았다. 그간의 다양한 연구를 분석해 보면 빅데이터 분야에 대한 걸림돌로 전문가 부족 비용 부담 성과 불확실 등이 주로 거론되어 왔다. 따라서 우리나라가 이 분야를 선도하여 일자리를 창출하고 경제성장을 이루기 위해서는 전문가 양성 성공사례 도출 공감대 형성 보안불신 해소 등에 대한 부단한 노력이 필요하다. 더불어 빅데이터와 관련된 규제도 과감하게 철폐해야 할 것이다. 우리가 뉴밀레니엄 경쟁 원천인 빅데이터 시대를 선도하기 위하여는?

첫째, 빅데이터 큐레이터 데이터 사이언티스트 등 전문가를 양성하기 위한 환경조성과 관련된 투자를 아끼지 말아야 한다. 빅데이터 전문가가 되기 위해서는 전산 통계 지식뿐 아니라 경영에 대한 감각도 매우 필요하다. 그 이유는 빅데이터는 분석보다 기획과 해석 그리고 활용이 성패를 좌우하기 때문이다. 따라서 빅데이터 전문가는 전산 통계 경영 등 다방면에서 자질, 즉 TOE(Talent of Everything)를 갖춰야 한다. 설상가상 빅데이터 분야에서 미국의 경우 2018년까지 통계전문가가 14~18만 명, 분석관리자 및 애널리스트가 150만 명 부족할 것으로 예상되고 있다. 우리나라도 예외는 아니어서, 2017년까지 빅데이터 전문가가 만 4천 명 정도 부족할 것으로 예상된다. 특히 분산컴퓨팅 데이터 저장관리 데이터 융합 소프트웨어 데이터 분석 등과 관련된 기술이 선진국과 격차가 심해 동 분야에 대한 연구개발 및 투자에 대한 국가적인 관심이 필요하다. 그나마 우리나라 CEO 중 빅데이터를 이해하고 있는 사람이 60% 가까이 된다는 점에서는 매우 고무적이다.

둘째, 빅데이터 관련 성공사례를 적극 도출해야 한다. 장밋빛처럼 보이는 빅데이터가 글로벌 화두인 것은 사실이지만 예상보다 더디게 진행되는 이유는 그 성공에 대한 확신이 여전히 부족하기 때문이다. 이를 조속히 불식시키기 위해서는 다양한 많은 성공사례가 필요하고 활용 가치가 높은 빅데이터 개발 및 유통에도 주의를 기울여야 한다. 그 이유는 빅데이터와 관련된 대가를 산정하는 것은 매우 힘들고 품질에 대한 신뢰도 미흡하며 거래방법이나 절차마저 부재하고 저작권이나 개인정보보호 관련 현안도 해결되지 않았기 때문이다.

셋째, 빅데이터 관련 성공사례, 각종 경진대회 등을 널리 보급하여 빅데이터의 중요성에 대한 대 국민공감대를 형성해야 한다. 미래창조과학부, 행정자치부, 산업통상자원부, 기상청, 관세청 등 여러 부처에서 글로벌 빅데이터 각종 경진대회 각종 어워드를 공모하면 그 접수 건수나 참석자 수 등 뜨거운 열기는 지대한 관심의 표출로서 우리나라 빅데이터의 미래를 더욱 밝게 해줄 것이다. 또한 한국빅데이터학회는 한·중 빅데이터 심포지엄, 업종별 빅데이터포럼, 지회 육성 및 학술대회, 여러 대학들과 빅데이터 전문가

양성 프로그램 개발 등 융합형 산업육성 및 인재양성에도 힘을 기울여야 한다.

넷째, 빅데이터나 오픈 얘기가 나오면, 반드시 튀어나오는 국민정서는 '내 정보는 안전할까? 정부가 빅브라더가 되려고?'이다. 특히 금융회사를 중심으로 개인정보에 대한 피해가 빈발하고 있어 불안할 수밖에 없다. 하지만 비행기가 납치되거나 사고가 났다고 결코 운항을 중지하거나 편수를 감축하지 않는다. 피해자에 대한 보상 무장경비원 탑승 등의 조치를 보완해 가면서 운항은 멈추지 않는다. 비행기 탑승으로 인한 사회나 개인의 편익이 납치나 사고로 인한 비용보다 훨씬 크기 때문이다. 빅데이터가 창조경제시대에 견인차 역할을 제대로 하려면 보안 침해에 대한 보완책 강구도 병행하면서 이제 우리 사회도 성숙된 모습을 보여야 할 때가 되었다. 특히 보안 침해와 관련한 '보험상품'이 개발되게 되면 낙후된 우리나라 보험산업도 육성하는 계기가 되어 일석이조가 될 것이다.

다섯째, 개인정보와 관련된 지나친 규제는 철폐되어야 한다. 특히 빅데이터는 개인정보 침해 가능성에 대한 우려 때문에 규제가 지나치게 많은데, 과감하게 철폐함으로써 일자리 창출과 경제성장에 기여하도록 해야 할 것이다. 선진국의 경우 소셜미디어 관련 빅데이터는 일정 부분 상업적 목적을 허용하되, 위반시 혹독히 처벌하는 경향이다. 이에 반해 우리나라는 개인정보의 경우, 거주지역, 연령, 성별만이 활용 가능하여 빅데이터 관련 산업을 육성하는 데 한계가 있을 수밖에 없다. 이렇듯 사전 우려가 도에 지나치게 되면 빅데이터 활용 자체를 차단하는 결과를 낳게 되므로 사후 처벌강화 등 선진국형으로 정책을 전환해야 할 시점이다.

11

의료(醫療)의 산업화(産業化)

선경(宣卿)

|학력|
- 고려대학교 의과대학(의사)
- 고려대학교 의료원(흉부외과 전문의)
- 고려대학교 대학원(의학박사)
- 고려대학교 경영대학원(경영학석사)

|경력 및 활동사항|
- 고려대학교 의과대학 교수
- 한국인공장기센터 소장
- 의학한림원 정회원
- 국가과학기술위원회 운영위원/전문위원
- 대한흉부외과학회 이사장
- 오송 첨단의료산업진흥재단 이사장

|저서 및 논문|
- 한국형 인공심장 개발(보건복지부)
- 관상동맥질환 관리지침(가본의학)
- 의사들을 위한 영어회화 표현법(고려의학)
- HT와 함께 만드는 더 튼튼한 대한민국(한국보건산업진흥원)

선경(宣卿) | 고려대학교 의과대학 교수

의료(醫療)의 산업화(産業化)

의료산업이 국부를 창출할 수 있는가?

의료산업은 차세대 글로벌 경제성장 동력으로 지목되고 있다. 대한민국정부도 의료산업이 창조경제의 핵심추진체로서 기존의 산업들을 대신하여 국민 먹거리로 성장하기를 기대한다. 그렇다면 의료를 산업화한다는 의미는 무엇인가. 인간의 가치를 추구하고 보존하는 수단으로서의 의료가 경제활동의 도구일 수도 있는가. 의료 산업화라는 화두가 활발하게 거론되는 것에 비해 과연 의료 산업이 어떻게 국부(國富)를 창출할 수 있는지, 의료의 어떤 요소가 국가 GDP에 영향을 미칠 수 있는지 명확하지 않다.

철학자들의 토론은 단어를 정의하는 데 대부분의 시간을 보낸다고 한다. 같은 단어를 서로 다른 뜻으로 이해하고 있다면 토론 자체가 진행될 수 없기 때문이다. 의료와 관련된 논의에서도 종종 오해와 격렬한 논쟁이 발생한다. '1 더하기 1은 2'라는 수학을 기반으로 하는 과학 토론과 달리 의학은 기본적으로 인간의 생명을 다루는 학문이라는 의미에서 인문학(art)의 범주에 속하기에 단어들마다 주관적 개념과 관념적 가치판단의 차이가 존재하기 때문이다. 의료의 산업화도 그러하다.

아픈 사람의 건강과 생명이 돈벌이의 대상인가?

'아픈 사람의 건강과 생명은 돈벌이의 대상이 아니다'라는 말이 있다. 의료의 산업화를 반대하는 주장의 근거이기도 하다. 그런데 재미있게도 의료 산업화에 찬성하는 쪽 사람들에게도 '아픈 사람의 건강과 생명이 돈벌이의 대상인가?'라고 물으면 '당연히 아니다'라고 대답한다. 이처럼 동상이몽과 같은 상반된 반응이 나오는 이유는 의료에 대한 정의가 서로 다르고, 의료의 산업화 대상이 명확하지 않기 때문이다. 의료는 기본적으로 서비스산업이다. 따라서 의료의 산업화는 흔히 의료서비스 산업화와 동일시되는 경향이 있다. 만일 의료서비스를 의료행위로 한정하게 되면 의료서비스 산업화는 의료 수가(酬價) 문제를 떠오르게 해서 영리의료 시비와 더불어 이념 논쟁으로까지 확대되기 마련이다. 이렇게 되면 의료는 더 이상 산업화의 대상일 수 없고 사회보장이나 복지의 도구로만 위치할 수밖에 없게 된다. 의료가 질병 치료에서 건강과 행복을 총괄 관리하는 것으로 발전하는 점을 고려할 때, 의료산업의 구조에 대해 삼성경제연구소가 제시한 개념은 시사하는 바가 크다(그림 1).

그림 1. 의료산업의 구조

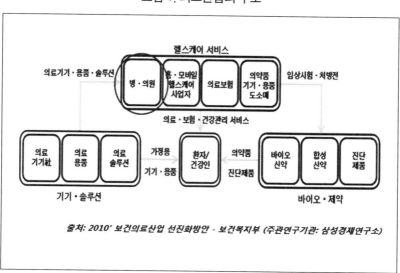

출처: 2010' 보건의료산업 선진화방안 - 보건복지부 (주관연구기관: 삼성경제연구소)

의료 산업화의 논의에서 인간 존엄과 가치의 훼손이 우려되는 부분은 병·의원 진료서비스 영역일 수 있다. 그렇다고 해서 진료서비스가 의료 산업화에서 전면 배제되는 것은 아니다. 국내환자 진료를 제외한 영역, 즉 해외환자 유치와 의료기관 해외진출은 활발하게 검토되고 있다. 이 부분은 세계무역기구(World Trade Organization: WTO)가 제안한 '서비스 교역' 관점에서 체계적으로 접근할 수 있다(표 1).

표 1. 서비스 교역에 관한 일반협정 (General Agreement on Trade in Services: GATS) -1994' World Trade Organization-

Mode	Service	의료서비스
Mode 1	Cross-border supply(국경간 공급)	원격의료, U-health
Mode 2	Consumption abroad(해외 소비)	해외환자 유치
Mode 3	Commercial presence(상업적 주재)	의료기관 해외진출
Mode 4	Movement of natural persons(인력 이동)	의료면허 개방

보건과 복지

메르스 사태 이후 일반국민들에게도 보건(保健, health)과 복지(福祉, welfare)는 서로 다른 차원의 가치로 전달되기 시작했다. 의료계와 유관부처에서는 이미 오래 전부터 거론되던 화두였기에 이러한 개념이 국가적 차원에서 논의되는 것은 대단히 고무적이다.

보건·복지정책의 주무부처는 보건복지부이다. 보건복지부의 예산에서 보건 예산과 복지 예산은 현저하게 차이가 난다. 2015년의 경우 보건 예산과 사회복지 예산은 각각 9조 9,848억 원과 41조 9,518억 원으로 1:5 수준이다. 보건 예산 중에서도 건강보험 예산을 제외하면, 실제로 공공의료의 경쟁력을 제고하거나 보건의료산업을 신성장동력으로 육성하는 데 투입되는 보건의료 예산은 2조 2,793억 원으로 총 예산의 4.3%에 불과하다. 더욱이 보건의료 예산에서 신성장동력 육성을 위한 투자는 더욱 열악하다. 보건의료기술개발(R&D) 4,620억 원, 해외환자 유치지원 56억 원, 글로벌 헬스케어펀드 300억 원 정도로 총 예산의 0.9% 수준에 불과하다. 다시 말해 대한민국의 차세대 먹거리 사업을 위해서 주무부처 예산의 1%도 안 되는 자금이 투입되고 있는 것이다.

보건복지부에서 보건의료산업 육성을 위한 핵심부서는 보건산업정책국이다. 산하 5개과(보건산업정책과, 보건의료기술개발과, 생명윤리정책과, 보건산업진흥과, 해외의료진출지원과)의 유능한 공무원들이 사명감을 가지고 밤낮으로 최선을 다하지만, 빈약한 조직구조와 인력의 한계 때문에 보건복지부가 주무부처로서 리더십을 발휘하거나 주도적인 성과를 내기에는 역부족이다. 따라서 보건복지행정에서 보건 기능이 강화되어야 한다. 보건의료 정책의 주무부처가 제 역할을 할 수 있도록 적정 규모의 예산과 조직을 갖추는 것이 당연하고 시급하다. 의료계는 지난 2012년 18대 대선 과정에서 보건부 독립의 필요성을 거론하였고, 2013년 인수위원회가 가동되면서 보건복지부 내에 복수차관제, 즉 보건업무를 전담할 제2차관직 신설을 제안한 바 있다. 보건과 복지를 분리하자고 제안하는 배경에는 보건의 공공적이면서 동시에 산업적인 요소와 복지의 사회안전망 유지기능을 구분함으로써 보건의 기능을 제대로 갖추자는 의미가 있다. 만일 보건부 혹은 보건차관직 신설에 시간과 절차가 필요하다면, 급한 대로 현재의 구조 속에서 보건산업정책국을 보건산업정책실로 확대 개편함으로써 실질적인 정책도구를 강화할 수도 있다. 이번에 MERS라는 국가 재난형 감염병으로 전 국민이 불안에 떠는 과정에서 드러난 보건복지부의 허약한 대응능력을 보면서 의료계의 제안을 정부가 선제적으로 수용했더라면 하는 아쉬움이 있다. 물론 지금도 늦지 않았다. 중요한 것은 앞으로 같은 실수를 되풀이하지 않는 것이다.

보건과 의료

보건(保健)과 의료(醫療)는 개념적으로 혼동되어 사용되는 경향이 있다. 의료계에서도 명확하게 구분하지 않고 쓰는데, 임상의학자는 '의료'라는 단어를, 예방의학자는 '보건'이라는 단어를 선호하는 경향이다. 아마도 그동안 의료는 아픈 환자와 질병을 대상으로 하는 'Medicine'이라는 개념으로, 보건은 건강을 대상으로 하는 'Health'의 개념으로 접근했기 때문이라고 본다.

앞서 언급한 대로, 의료의 개념이 변하고 있다. 질병을 치료·제거하는 개념에서(disease cure) 건강하고 행복한 상태를 유지·관리하는 것으로(wellbeing care) 확대되고 있는 것이다. 즉, 전통적인 치료과학 중심의 의료행위뿐 아니라 유사 의료행위를 포함하고, 신체적 상태뿐 아니라 정신적 및 사회적 상태에 대한 고려, 의료시스템과 사회제도까지 포함하여 총괄 관리측면으로 접근하고 있다(Total Healthcare). 어찌 보면 보건(保健)의 사전적 개념과 유사해 보이는데, 보통은 '헬스케어'라는 원어를 그대로 사용하면서 연관된 의료기술과 행위들을 Health Technology(HT)로 표현한다. 따라서 의료산업을 HT산업으로 부르는 것도 적절하다(표 2).

표 2. 헬스케어의 범위

목적	질병의 치료·제거(cure) → 건강하고 행복한 상태 유지·관리(care)
대상	신체적, 정신적, 사회적 상태
결정요인	생리학적, 환경적, 생활습관적, 의료시스템·사회제도적 요인
행위	치료·의료 행위, 건강유지와 관련한 유사 의료 행위

(2010' 보건복지부 HT Initiative 추진계획)

바이오기술(BT)과 의료기술(HT)

혼히 의료는 바이오의 일부로 인식되는 경향이 있다. 예를 들면, 오송 첨단의료복합단지를 'K-BIO'라고 표현하는 식이다. 국가 연구개발 사업에서도 의료는 바이오 영역에 묻혀 있다. 그렇다면 의료는 바이오의 일부인가 혹은 바이오가 의료의 일부인가. 둘 다 맞다. 바이오(BT)는 기술 중심의 접근이고, 의료(HT)는 목적 중심의 접근이다. 따라서 기술 측면에서 의료 기술은 바이오 기술의 일부일 수 있으며, 목적 측면에서는 바이오는 의료의 일부일 수 있다. 다시 말해 서로 위치하는 차원이 다르다. 의료 산업화는 기존의 평면적 사고가 아닌 입체적 사고를 통해야 길이 보인다.

의료 산업화를 위한 연구개발

투자 확대

우선 의료 산업화를 위한 정부의 투자 규모와 비율은 적정한가. 우리나라의 정부연구개발 총예산은 19조 원에 달한다. 국가 GDP 대비 연구개발 예산 비율과 인구 백만 명당 연구자 수의 측면에서 우리나라는 세계 최고 수준으로 이스라엘, 미국, 일본 등과 어깨를 겨룰 만하다. 그런데 보건의료 분야의 정부연구개발 예산은 너무

적다. 현재 연간 1.5조 원 수준으로 8%에도 못 미치고 있는데 비해, 선도국들은 정부연구개발 총예산의 20% 이상을 보건의료 분야에 투입하고 있다. 우리나라 예산규모를 고려할 때 연간 4조 원 이상 증액시킬 필요가 있다. 추가재원은 지금처럼 일반회계나 건강증진기금에만 의존할 것이 아니라, 사안에 따라 건강보험 재정을 활용할 수 있다. 건강보험공단은 현재 16조 원 규모의 자금을 보유하고 있다. 이것을 사용하는 근거는 기하급수적으로 상승하는 의료비를 연구개발을 통해 둔화시키는 데 있다. 건강보험공단에서도 의료의 질 향상사업을 목적으로 500억 원 정도의 연구비를 투입하고 있다. 연구 성과에 따라 추가지원이 가능하도록 차년도에는 획기적인 증액이 기대된다.

투자 방향성

의료 산업화를 위한 연구개발 투자의 방향은 적정한가. 현 시점에서 정부의 투자방향은 가치중립적인 기술 산업화에 집중되어 있다. 대표적인 것이 신약(新藥)과 첨단 의료기기(醫療機器) 개발이다. 신약 개발은 블록버스터의 기대와 함께 많은 예산이 투자되어 왔다. 제약산업의 정의와 범위에 따라 차이가 있지만, 정부투자 예산은 연간 3,000억 원 수준이고 민간투자는 연간 1조 원 규모이다. 이러한 노력 덕분에 그 동안 약 25건의 국산 신약이 개발되었으나, 연 매출 100억 원을 넘기는 경우는 3건 정도이다. 평균

10~18년의 개발기간과 투자 규모를 고려할 때 경제효과는 적정한 지 검토할 필요가 있다. 의료기기는 다품종 소량생산에 시장 수명 주기도 짧다. 정부투자 예산은 연간 2,400억 원 수준이나 사업화 성과는 많지 않다. 그에 따라 4조 6천억 원 규모의 국내 의료기기 시장은 대표적인 수입역조 산업에 해당한다. 국산은 중저위 기술 제품에 몰려 있고 고부가가치 하이테크 제품들은 외국산 수입에 의존하고 있다. 평균 3~8년의 개발기간과 투자규모를 고려할 때 경제효과가 적정한지 검토할 필요가 있다. 의료산업의 연구개발에 서 전통적 제조업 관점의 투자는 글로벌 경쟁력을 갖추지 못한다. 더구나 기존의 콘텐츠나 기술 개발 중심의 투자는 산업화 효율성 을 방해한다. 기술 위주의 전략에서 목적 중심의 시장점유 전략으 로 전환되어야 한다. 그것이 가능하기 위하여서는 병원과 의사들 이 적극 참여할 수 있는 연구개발 전략 수립이 필수적이다. HT 산 업화가 가능하려면 현장의 수요가 반영된 기술개발과 실용화·제 품화가 전제되어야 하기 때문이다.

관리 거버넌스

HT 연구개발은 기초-중개-산업화로 흘러가는데, 각각 미래부- 복지부-산업부가 주된 역할을 맡고 있다. 해당 부처의 역량과 특성 을 살린 정책구조가 제대로 작동하려면, 부처 간의 칸막이가 없어 져야 하고 유사·중복투자가 최소화되어야 한다. 그런데 현실은 그렇지 못하다. 더구나 의료 분야에 대한 분류체계가 없는 상태에서 유사한 과제들이 다양한 사업 밑에 숨어 있는 것이다. 의료산업과 HT 연구개발의 특성을 반영하지 못하는 정책시스템이다. 미국의 의료 연구개발은 단일 기관(NIH)에서 총괄관리하는 반면, 일본은 우리와 비슷한 문부성-후생성-경제성의 지원구조를 가지고 있다. 총리실 산하 국가과학기술회에서 조정 노력을 해 오다가 NIH와 같은 통합조직을 구성중이다. 우리나라도 일부에서 미국 NIH와 같은 통합 거버넌스를 구축하려는 시도가 있다. 그러나 일부 부처를 중심으로 무리한 측면이 있으며 현실적으로도 어렵고 효율성도 의문스럽다. 그보다는 각 부처마다 각자 자체 거버넌스를 통합하는 노력이 우선 필요해 보인다. 예를 들어, 보건복지부의 경우는 한국보건산업진흥원, 국립보건연구원, 국립암센터로 분산된 거버넌스를 통합할 필요가 있다.

중복성과 효율성

또 다른 문제는 국민의 혈세가 투입되는 연구개발 예산투자의 중복성과 비효율성이다. 의료산업이 차세대 성장동력으로 대두되면서 거의 모든 정부부처가 관련 연구개발을 추진하고 있다. 투자 규모와 외연이 확대되는 것은 바람직하지만, 문제는 의료 분야에 대한 분류기준과 통계기준이 확립되지 않아 투자현황 파악이 부정확하다는 것이다. 예를 들어, 국가 연구개발을 구분하는 방식에는 국가기술로드맵분류(건강한 생명사회 지향), OECD 경제사회목적 분류(건강증진, 보건투자), 과학기술표준분류(생명과학 일부, 보건의료기술), 정부신기술분류(BT, NT 일부) 등이 있다. 이들을 이용해서 의료 분야에 투자된 금액을 산출해 보면 적게는 수백억 원에서 많게는 수천억 원까지 차이가 난다. 한마디로 차세대 성장동력이라는 의료 분야에 투자되는 국가 연구개발비 총액이 얼마인지 정확히 모르는 것이다. 당연히 투자의 중복성과 비효율성이 예상된다. 의료계는 정부 6대 신기술(BT, IT, NT, ET, ST, CT)에 의료(HT)를 추가하여 7대 신기술 분류체계를 확보하도록 제안한 바 있다. 그를 통해 최소한 부처 간 중복투자의 문제는 걸러낼 수 있을 것이다. 의료 분야를 HT로 표현하려는 노력은 단순한 레토릭의 문제가 아니다.

생산성

효율화 측면에서 HT 연구개발의 생산성 문제가 심각하다. 각 부처가 자체 평가하는 사업성공률은 98%에 달하지만, 산업화 성공률은 5~10% 전후로 선도국가들에 비해 현저히 떨어진다. 국가연구비를 제공할 때 성과목표를 산업화에 분명히 맞추고 또한 연구제안요청서(RFP) 단계에서 구체적인 산업화 지표가 제시되어야 한다. 특히 의료 분야는 예방적 투자와 표준의 선점도 중요하다. 그런데 성실하게 수행한 연구과제들도 대부분 '죽음의 계곡'을 넘지 못하고 있다.

죽음의 계곡

의료 산업화 연구개발은 제품화나 상용화 직전 단계에서 커다란 장애물을 만나게 된다. 소위 '죽음의 계곡'(Death Valley)이라고 불리는 영역으로, 임상시험과 인·허가로 대변되는 장벽이다. 그 외

그림 2. 첨단의료복합단지의 역할

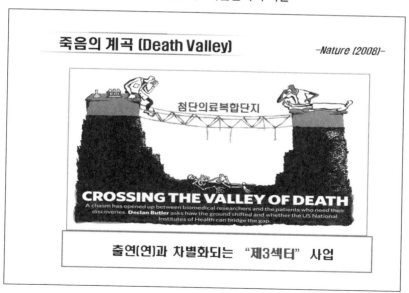

에도 신의료기술 평가와 보험 등재 등도 포함된다. 연구개발 단계에 비해 훨씬 많은 시간과 비용이 들 뿐 아니라 다양한 진입장벽들은 민간기업의 역량만으로 돌파하기가 쉽지 않다. 첨단의료복합단지(이하 첨복단지)는 바로 이 '죽음의 계곡'을 고속으로 통과할 수 있도록 국가가 집적단지를 조성한 것이다(그림 2). 우리나라는 충북 오송과 대구 신서지역에 2개의 단지를 만들었고, 2009년부터 2038년까지 30년간 총 4.3조 원의 예산을 투입하는 대규모 국책사업이다(국비 1.3조 원, 지방비 0.3조 원, 민자 2.7조 원).

첨복단지는 '제3섹터 사업'이라는 철학에서 출발한다. 정부/공공 투자의 제1섹터(public sector)와 민간/기업 투자의 제2섹터(private sector)가 융합하여 시너지를 창출하는 민관 협력사업에 개념적으로 부합한다. 관리기관인 첨단의료산업진흥재단(이하 첨복재단)은 공공 인프라를 제공하여 민간의 성과가 극대화될 수 있도록 지원한다. 국제적으로는 싱가폴 바이오폴리스, 일본 고베 의료클러스터, 미국 샌디애고 바이오클러스터 등이 유사한 제도로서 잘 알려져 있다.

첨단의료복합단지(尖端醫療複合團地)의 문제점

'대한민국의 첨복단지는 시작부터 실패한 사업이다'라고 혹평

하는 이도 있다. 이제 막 시동을 걸고 출발한 조직에 이 무슨 비판인가 하는 의문점은 외국의 유관 클러스터를 비교해 보면 이해가 된다. 우리나라 첨복단지에는 4개의 센터(제1섹터)와 기업의 연구시설(제2섹터)이 있다. 4개의 센터는 신약개발지원센터, 첨단의료기기개발지원센터, 실험동물센터, 임상시험용신약생산센터로 구성된다. 명칭에서 보듯이 우리 정부는 연구지원 기능만 제공한 것이다. 반면에 싱가폴과 고베 클러스터는 연구 기능-연구지원 기능-산업화 기능-통합정보망 기능 등 의료 산업화를 위한 다양한 요소들이 복층 구조로 융합되어 있다. 가장 성공적인 싱가폴의 경우 바이오·헬스산업이 국가 GDP의 15% 이상 기여하고 있다. 우리나라 첨복단지도 원래는 그런 복층구조로 기획되었는데, 중간에 오송과 대구로 나뉘면서 똑같은 연구지원 4개 센터가 각각 만들어졌다. 다시 말해 양쪽 모두 첨복단지 기능의 일부만 세워진 것이다. 왜 이런 일이 생겼을까. 누구나 인정하듯이, 국운을 걸고 매진해야 할 차세대 성장동력 육성사업보다 정치 논리가 우선했기 때문이다.

그렇다면 그나마 계획대로 추진은 되고 있는가. 아쉽게도 그렇지 못하다. 대규모 SOC 사업의 경제성은 정상운영까지 도달하는 시간이 중요하다. 첨복단지의 예비타당성 조사에 따르면 비용편익비율(BC ratio)은 1.26으로 준공 후 3년 이내 정상가동되어야만 경제적 타당성이 확보된다고 하였다. 그리고 정상가동의 전제조건은 인력이 정원의 98% 이상 충원되어야 한다는 것이었다. 그런데 준공 후 2년 째인 2015년 현재 오송 첨복단지의 인력채용률은 43% 수준에 불과하다(2015년 승인정원 327명 대비 141명 충원). 이유는 인건비와 운영관리비가 절대 부족하기 때문이다. 재정당국에서는 국비와 지방비의 비율을 50:50으로 결정하였으나, 지자체는 열악한 재정상황을 이유로 분담액의 12% 수준만 지원하고 있다. 그 여파로 장비 가동률은 13~43%에서 유지되고 있다. 예비 타당성 조사에서 기대하는 3년 후는 2016년 말이다. 이 상태로 계속 간다면 정상가동이 불가능하며, 결국 첨복단지 사업은 경제성이 없는 사업으로 전락할 우려가 있다. 물론 첨복재단은 하늘만 쳐다보며 비가 내리기를 기다려서는 안 된다. 제3섹터 사업의 장점을 살려 민간 영역에서 성과를 내고 자립화가 가능하도록 공격적이고 구체적인 발전전략을 수립해야 한다. 첨복단지를 통해 대한민국 의료 산업화와 창조경제의 성공모델을 만들기 위해 노력해야 한다. 단, 자생력을 담보할 수 있는 최소한의 재정은 국비지원을 통해서만 가능하다.

메르스 사태가 의료계에 준 교훈

메르스 사태와 세월호 참사는 놀랄 만큼 닮았다. 세월호 참사에 대해 국민대 김병준 교수는 다음과 같이 지적했다(출처: 세상을 바꿔라 II, 2014년). "정부의 요금 규제로 선사(船社)는 돈을 제대로 벌지 못하는 상황이 됐고, 예산을 확보하지 못한 정부는 이를 보전시켜 줄 만한 보조금을 주지 못했다. 그 결과 특정선사의 독점체제가 자리잡았고, 이것이 다시 공적 규제기관과 선사의 유착과 위험한 운항을 불렀다. 그리고 그 위에 부실한 구조 구난체계가 있었다. 결국 돈 문제에 정부와 시장의 유착문제, 그리고 잘못된 재난관리체계 등의 문제였다. 몰라서 못 푼 문제들이 아니라 알고도 못 푼 문제들이었다."

이것을 메르스 사태에 대입해 보자. "정부의 의료수가 규제로 병원은 정상적인 진료수익을 맞추지 못하는 상황이 됐고, 정부는 이를 보전시켜 줄 만한 보조금을 주지 못했다. 그 결과 초대형 특정병원의 독점체제가 자리잡았고, 이것이 다시 재벌기업 병원의 내부거래와 집단발병에 취약한 응급실이나 다인실 병실과 같은 위험한 운영을 불렀다. 그리고 그 위에 부실한 방역 체계가 있었다. 결국 돈 문제에 정부와 의료시장의 유착문제, 그리고 잘못된 방역관리체계 등의 문제였다. 몰라서 못 푼 문제들이 아니라 알고도 못 푼 문제들이었다." 메르스 사태를 통하여 우리는 다음과 같은 교훈을 얻을 수 있다.

우선 의료서비스산업에서 저수가 체계를 바꿔야 한다. 원가에

못 미치는 저수가로 왜곡된 의료는 결국 국민의 피해로 돌아간다는 것이 증명되었다. 대한민국 국민은 몸이 아플 때 저렴하게 양질의 치료를 받을 수 있어야 한다. 그러기 위해서는 평소에 보험료를 조금 더 내고 정부는 그것으로 낮은 의료수가를 보전해야 한다. 권한과 책임이 비례하듯이 혜택과 부담도 균형이 필요하다. 병원 문화도 변해야 한다. 우선 병원과 의료인들의 노력이 가장 중요하다. JCI라는 국제 병원인증제도가 있다. 환자의 안전과 관련된 1,000여 개가 넘는 기준을 통과한 병원들만이 인증을 받을 수 있다. 우리나라는 2007년부터 2015년 6월 현재까지 27개 병원이 인증을 받았는데, 대부분 메르스 확산에서 안전했다는 것은 시사하는 바가 크다. 가족들의 간병 문화와 친지들의 무분별한 병문안 문화도 변화되어야 한다. 특히 환자 자신의 안전수칙 준수도 필수적이다. 개인의 권익만큼 사회적 책임과 시민의식도 중요하다. 메르스와 투쟁하는 과정에서 얻은 것도 있다. 많은 환자를 통해 얻은 바이러스 검체자원이다. 미국 NIH를 포함한 선도국가에서는 우리나라의 메르스 검체자원 경쟁력을 주시하고 있다. 고통을 극복하고 얻은 결과물이 국익 차원에서 쓰이기를 기대한다.

무엇보다 의료의 산업화는 퀀텀 점프가 필요하다. 그를 위해 무엇을 바꿀지 머리를 맞대보자. 의료의 미션은 인류를 건강하게 오래 살게 하는 것이다. 의료는 의사나 의료인의 전유물이 아니다. 인간의 삶의 질(quality of life)과 삶의 양(quantity of life)을 다루는 모든 학문·연구·산업 분야가 힘을 합쳐야 완성되는 영역이다. 의료산업이 차세대 성장동력이 되기 위해서는 전략적인 국책사업과 적절한 투자가 유지되어야 한다. 의료산업을 기존의 제조업 패러다임으로 바라보면 국가 먹거리 산업의 모습이 잘 보이지 않는다. 더구나 우리나라의 내수시장의 규모, 민간 산업의 발달단계, 국가 연구개발 투자의 중복과 비효율성 등을 고려할 때, 글로벌 경쟁력을 갖추려면 패러다임을 바꿔야 할 시점이다. 제약과 의료기기는 의료산업인가라는 이러한 본질적인 질문에도 불구하고, 신약 개발과 첨단의료기기 개발은 여전히 의료 산업화의 강력한 도구이다. 특히 우리나라의 우수한 연구 인력을 고려할 때 분명한 국제 경쟁력이 있다.

12

기후변화와 우리의 대응전략

신부남

| 학력 |
- 서울대 인문대 졸업
- 보스톤대학원 국제관계학 석사

| 경력 및 활동사항 |
- (현)주 쿠웨이트대사
- 기후변화대사,
- 녹색성장대사
- 유엔대표부 차석대사
- OECD 환경정책위원회 부의장
- 유엔 지속가능발전위원회 부의장

기후변화와 우리의 대응전략

글로벌 트렌드가 된 기후변화

우리가 사는 세상은 변해 왔고 앞으로도 변할 것이다. 미국정부나 전문가들은 2025년, 2030년의 글로벌 트렌드, 메가트렌드로 환경과 기후의 변화를 주요 요소로 지목하고 있으며 유엔 또한 앞으로 인류가 해결해야 할 당면 15개 과제 중에 기후변화와 지속발전을 첫 번째 과제로 선정하였다. 세상이 바뀐다는 것은 세상의 패러다임이 바뀐다는 것이다. 수레에서 자동차로, 필름카메라에서 디지털카메라로, 아날로그 TV에서 디지털 TV로, 피처폰에서 스마트

폰으로, 가솔린자동차에서 전기자동차를 거쳐 무인자동차 시대로
바뀌듯이 자원 희소성과 온실가스 농축에 따른 기후변화로 인하여
기존의 에너지 다소비산업도 에너지 고효율, 친환경 저탄소산업으
로 산업의 패러다임이 바뀔 것이다. 따라서 지금은 패러다임의 변
화에 대응하는 전략이 필요한 시기이다.

기후변화의 원인과 영향

　기후변화는 복합적이며 다면적인 특성을 가지고 있다. 환경적인
측면에서는 기후변화로 인하여 인간의 건강과 생물 다양성이 위협
받고 있으며 과학적인 측면에서는 온실가스의 지구대기층 축적으
로 지난 133년 간 평균기온이 0.85℃ 상승하였다. 국제정치적인 측
면에서는 기후변화의 대응비용 분담을 둘러싸고 선진국과 개도국
의 대립이 있으며, 선진국 내에서도 미국과 유럽 간, 개도국 내에서
도 신흥개도국과 최빈 개도국 간에 대립이 있다. 경제적인 측면에서
는 에너지 다소비 산업구조를 개편하는 문제와 기후변화 대응관련
투자 혜택이 장기간에 걸쳐 나타나는 시차의 문제가 있다. 기후변화
는 이산화탄소(CO2), 메탄(CH4), 아산화질소(N2O) 등 온실가스[1]와

---

1) 교토의정서 지정 7개 가스 : 이산화탄소(CO2), 메탄(CH4), 아산화질소(N2O), 수소
　　불화탄소(HFCs), 과불화탄소(PFCs), 육불화황(SF6), 삼불화질소(NF3).

수증기 등이 대기에 잔류하여 우주로의 열방출을 감소시키는 '온실효과'(Greenhouse Effect)로 인해 지구 평균기온이 상승하는 현상이다. 기후변화의 원인은 90% 이상이 인간활동(anthropogenic climate change)에 기인한다. 인위적 원인으로는 화석연료 사용, 가축 사육, 쓰레기 매립 등으로 인한 대기 중 온실가스 농도의 급증, 인위적인 에어로졸 발생, 토지의 과잉 이용과 산림 훼손 등이다.

기후변화에 관한 과학자와 정책결정권자간의 모임인 '기후변화에 관한 정부간 협의체'(IPCC : Intergovernmental Panel on Climate Change)에 따르면 산업혁명 이후 대기 중 온실가스 농도 급증으로 지구 평균기온은 1880~2012년 간 사이에 0.85℃ 상승하였으며, 현재 추세로 온실가스가 배출될 경우 금세기말(2081~2100년)에는 1986~2005년 대비 지구 평균기온이 3.7℃ 상승하고, 해수면이 63cm 상승할 것으로 예상하고 있다. 지구온난화의 영향으로 폭염, 가뭄, 홍수 등 극한 기상현상, 북극 빙하면적 감소로 인한 해수면 상승, 해양온도의 상승 및 산성화, 다양한 생물종의 멸종, 건강에 대한 부정적 영향 등을 초래하고 있다. 과학자들은 지구 평균기온이 2℃ 이상 상승할 경우 기후변화를 예측하고 제어하는 것이 불가능해지는 '티핑 포인트'(tipping point)를 넘게 된다고 설명하고 있는데, 특히 IPCC는 지구 평균기온이 산업화 대비 2℃ 상승할 경우, △10억~20억 명 물부족, △생물종 중 20~30% 멸종, △1,000~3,000만 명 기근 위협, △3,000여 만 명의 홍수 위험 노출, △여름철 폭염으로 인한 수십만 명의 심장마비 사망, △그린 란드 빙하, 안데스 산맥 만년설 소멸 등이 발생할 것이라고 예측하고 있다.

기후변화에 대한 국제사회의 대응

IPCC는 기후변화의 원인과 영향을 평가하고 국제적인 대책을 마련하기 위하여 1988년 설립하여 5~7년 주기로 그간 다섯 번의 평가보고서를 발간하였다. 이 보고서는 유엔 기후변화협상의 근거 자료로 활용되고 또한 각국의 기후변화대응의 정책준거를 제공하고 있는데, 보고서 작성에는 195개 회원국의 약 3,000명의 기상, 해양, 빙하, 경제분야 전문가들이 참여하여 왔다.

IPCC는 2014년 10월 덴마크 코펜하겐에서 개최된 제40차 총회에서 '제5차 종합평가보고서'(AR5 : Fifth Assessment Report)를 채택하였다. 보고서의 주요 내용은 기후변화에 대한 과학적 근거, 영향 및 위험, 해결 방안에 대한 종합적인 정보를 포함하며 특히 아래 요지의 '전세계 정책결정자를 위한 요약본'(SPM : Summary for Policy Maker)을 별도 작성하였다. IPCC 제5차 종합평가보고서

(AR5) 발간으로 인해 기후변화에 대한 인간 활동의 영향이 보다 분명해졌으며, 향후 신기후변화체제 협상 및 각국의 정책 수립에 상당한 영향을 미칠 것으로 예상된다.

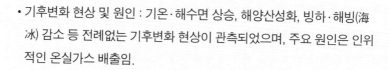

※ '전세계 정책결정자를 위한 요약본' 주요 요지

- 기후변화 현상 및 원인 : 기온·해수면 상승, 해양산성화, 빙하·해빙(海冰) 감소 등 전례없는 기후변화 현상이 관측되었으며, 주요 원인은 인위적인 온실가스 배출임.

- 기후변화 전망 및 영향 : 온실가스 배출이 계속됨에 따라 기후변화가 돌이킬 수 없는 영향(irreversible impact)을 미치게 될 위험성 증가하고 있음.

- 적응과 감축 및 지속가능개발을 위한 경로(Pathway) : 지속가능한 발전과 형평성(equity) 실현을 위해서는 기후변화 대응이 필수적이며, 감축과 적응은 상호보완적 전략임.

- 적응과 감축 방안 : 미흡한 제도(weak institution)와 조정·협력 거버넌스의 미비가 적응·감축 이행에 장애로 작용하며, 기후변화 적응 및 온실가스 감축 효과는 정책에 의해 크게 좌우되며, 특히 여타 사회적 목표와 연계할 때 효과가 배가됨.

IPCC가 1990년에 발표한 제1차 보고서는 1992년에 채택된 유엔 기후변화협약 합의에 크게 기여하였다. 1992년 브라질 리우데자네이루에서 개최된 유엔환경개발회의(UNCED)에서 기후변화협약(UNFCCC : United Nations Framework Convention on Climate Change)이 채택되어 1994년 3월 발효되었으며 현재 195개국 및 유럽연합(EU)이 가입하고 있으며 우리나라는 1993년 12월 가입하였다. 주요 협약내용은 "공통의 그러나 차별화된 책임(common but differentiated responsibilities), 형평성(equity) 및 개별국의 능력(respective capabilities) 원칙"에 따라 선진국과 개도국에 다른 종류의 기후변화 대응 의무를 부과하기로 하였다. 또한 선진국과 개도국은 온실가스 배출저감 정책의 자체적 수립 및 시행, 온실가스 통계 및 정책 이행에 관한 국가보고서를 작성하고 제출할 공통적인 의무를 지웠다. 선진국 가운데 부속서 I(Annex I)에 포함된 국가에 대해서는 2000년까지 온실가스 배출 규모를 1990년 수준으로 안정화시킬 것을 권고하고, 그 중 부속서 II(Annex II)에 포함된 국가에 대해서는 개도국의 기후변화 대응을 위해 재정과 기술을 지원하는 의무를 추가로 부과하였다.

선진국의 온실가스 감축 의무는 교토의정서 도입으로 더욱 강화되었다. 1997년 일본 교토에서 개최된 제3차 당사국총회(COP3)에서는 협약 내용을 구체화하는 교토의정서(Kyoto Protocol)를 채택,

- 부속서 I 국가 : OECD 국가+유럽경제공동체(EEC)+동유럽 시장경제전
  환국가
- 부속서 II 국가 : OECD 국가+유럽경제공동체(EEC)
- 협약 채택 당시 우리나라는 비(非)부속서 I(Non-Annex I) 국가로 분류

2005년 2월 발효하였으며, 현재 191개국과 유럽연합(EU)이 비준한 상태이고 우리나라는 2002년 11월 비준하였다. 주요 내용은 선진국(Annex I)에 구속력 있는 온실가스 감축목표를 부과하며, 시장메커니즘을 도입하고 기후변화의 주범인 7가지 온실가스를 명시하였다. 부속서 I 국가들에게 2008~2012년 기간 동안 온실가스 감축 의무를 차등적으로 부과, 1990년 대비 평균 5.2% 감축키로 합의하고 비부속서 I 국가들에 대해서는 기후변화협약에서와 마찬가지로 일반적 의무만 부과하였다.

또한 '교토 메커니즘' 혹은 '신축성 메커니즘'으로 불리는 시장메커니즘을 통해 개도국에서 온실가스 배출권을 구입할 수 있도록 하여 온실가스를 효과적으로 감축하고 개도국의 지속 가능한 발전

을 지원할 수 있는 체계를 마련하였다. 이어서 새로운 기후변화체제(Post-2012 체제)를 출범시키기 위해 2007년 채택된 발리 로드맵(Bali Roadmap)에 따른 협상이 진행되었다. 감축의무·투명성·재원 등이 주요 쟁점이었던 2009년 제15차 코펜하겐 당사국총회(COP15)와 제16차 당사국총회시 칸쿤 합의(Cancun Agreements) 및 제18차 당사국총회 등에서는 장기간 협상을 통하여 도하 개정안(Doha Amendment)에 따라 새로운 기후변화체제 출범 전까지 부속서 I 국가들은 교토의정서를 2020년까지 연장 적용하고, 비부속서 I 국가들은 자발적 감축공약을 이행하기로 결정하였다.

그런데 교토의정서 체제 하에서는 CO2 배출량 1, 2위 국가인 중국(26%)과 미국(16%)이 의무감축 대상국에서 제외되었다. 또한 교토의정서 제2차 공약기간(2013~2020) 참여국들의 배출량도 전세계 배출량의 약 15%에 불과하였다. 이러한 한계를 극복하고, 선진국과 개도국이 모두 참여하는 2020년 이후(Post-2020)의 새로운 기후변화체제를 마련하기 위한 협상을 2011년 개최된 제17차 당사국총회(COP17, 남아공 더반)에서 2012년에 개시하여, 2015년까지 완료, 2020년부터 발효되도록 합의하였다. 2012년부터 모든 당사국이 참여하는 신기후변화체제 협상(ADP)이 개시되었고, 이와 병행하여 2020년까지의 기존 감축공약 수준을 제고하는 방안이 협의 중이다. 금년 12월초 개최되는 제21차 당사국총회(COP21)에서는

'2015년 합의문'(2015 Agreement) 채택을 통해 신기후변화체제 합의를 목표로 하고 있다.

기후변화 협상에서 우리나라의 위치와 전략

급속한 경제성장에 따른 우리나라의 국제적 위상 제고 및 이산화탄소 배출량 증대(세계 7위) 등으로 인해 기후변화 대응에 있어 우리의 적극적인 역할에 대한 국제사회의 기대가 커지고 있다. 우리나라는 2010년 선진 공여국 클럽인 OECD/DAC에 가입하였으며, GDP 규모는 세계 15위, 1인당 GDP는 세계 31위이다. 온실가스 배출에서도 주요 배출국으로 분류되어 에너지 부문 이산화탄소 배출량 세계 7위, 비중 1.87% (IEA/2012), 에너지 부문 1인당 이산화탄소 배출량 11.8톤(세계 평균 4.5톤), 1850~2011년간 이산화탄소 누적배출량 세계 12위(WRI/2015)이다.

국내적 대응전략

기후변화 협상은 국내적으로 중공업 비중이 커서 에너지를 많이 소비하며 온실가스 배출이 많은 우리 산업 전반에 영향을 주고 있다. 기후협상에서는 에너지 다소비 산업구조 및 높은 무역 의존도를 가진 우리나라의 국내적 여건(national circumstances)을 최대한 반영토록 노력하여야 하지만, 동시에 국내적으로 친환경 저탄소산업이 육성될 수 있도록 효과적인 정책과 효율적인 자원의 배분이 이루어져야 할 것이다. 기업들도 신재생에너지와 에너지 효율을 높일 수 있는 분야에 투자를 확대하여야 한다. 즉 기후변화 대응을 비용이 아닌 투자로 생각하는 역발상(out-of-the-box)이 필요한 시점이다. IT를 비롯한 기술과 과학이 혁신적으로 발전하고 있으며 동시에 환경과 자원의 희소성은 갈수록 커지고 있는 현 상황의 함의를 잘 파악해야 한다. 정부는 창조적이며 혁신적인 기업들이 시장에서 제대로 경쟁할 수 있는 공간을 만들어 주어야 한다. 신산업은 기존산업과 달리 자신의 이익을 대변하여 줄 이익단체가 없기 때문에 정부의 정책결정과정에 있어 이들에 대한 지원을 간과하기 쉬운데, 정부는 미래지향적이며 공정한 rule maker로서 정책을 세우고 그에 맞는 자원을 분배하는 역할을 충실히 하여야 한다. 정부가 기존산업 보호에만 치중하다 보면 다른 나라에 신성장산업의 경쟁력과 주도권을 빼앗기게 된다. 특히 우리가 유의해야 할 것은 기후변화 대응을 국제적인 의무로만 생각하지 말고 새로운 산업을 육성하는 기회로 활용하도록 발상과 인식의 전환이 필요하다는 것이다. 즉 위기를 기회로 바꿀 수 있는 전략이 필요하다. 그렇게 하기 위해서는 기존의 제도, 관행, 의식을 바꿀 수 있는 리더십이 절대적으로 요구된다.

국제적 대응전략

기후변화는 대표적인 글로벌 이슈로서 지구촌 공동의 문제가 되어 글로벌차원의 대응이 필요한 공공재이다. 또한 기후변화는 우리 세대만의 문제가 아니라 우리 자손 세대의 문제이기도 하다. 즉 우리가 대응을 제대로 못하면 자녀 세대가 더 큰 고통을 받게 될 것이다. 아울러 기후변화는 물 에너지 식량 생물 다양성 등을 아우르고 있는 포괄적인 글로벌 이슈이다. 뿐만 아니라 기후변화 문제는 온실가스 배출에 대한 선진국의 역사적 책임과 이로 인한 피해가 주로 적응능력이 부족한 개도국으로 집중되는 불균형한 현상에서 선진국과 개도국의 대립이 극심한 대표적인 국제협상 분야이기도 하다. 선진국입장에서는 배출이 증대되고 있는 개도국의 동참이 필요하며, 개도국에서는 선진국의 기술·재정지원 없이는 온실가스 감축이 어려운 상황인 바, 여기에 우리나라가 할 수 있는 역할이 있다. 우리나라는 1997년 교토의정서 협상시 개도국으로 분류되었으나, 그간 산업발전을 하면서 온실가스 배출과 국력에 있어서 선진국의 위치를 점하고 있어 선진국과 개도국간에 가교 역할을 수행할 수 있다. 선진국에 대해서는 리더십 발휘를 요청하고 개도국에 대해서는 능력에 상응하는 행동 및 기여를 촉구하면서 우리의 능력과 책임에 상응하는 기여를 하면 우리의 국격도 높이고 실리도 확보할 수 있게 된다. 이러한 사례의 대표적인 것이 우리나라가 GGGI(글로벌 녹색성장기구)라는 기후변화 대응을 위한 국제기구를 설립하였고, 개도국에 대한 금융지원을 위한 GCF(녹색기후기금)를 유치한 것이다. 글로벌녹색성장기구(GGGI)는 2010년 한국이 주도하여 설립하였고 2012년 입장이 유사한 17개 국가(Like-minded Countries)들과의 협력(Coalition)을 기반으로 국제기구로 전환되었다. 특히 덴마크와는 최초로 가치동맹인 녹색성장동맹을 체결하였고, 호주는 우리와 뜻을 같이하여 핵심그룹(Core Group)으로서 국제기구로의 전환을 주도하였다. GGGI는 유엔이나 세계무역기구(WTO)와 같이 조약에 기반을 둔 국제기구이다. 5년 전 설립된 이래로 지금까지 GGGI는 녹색성장 정책과 가치를 개발도상국을 비롯한 전 세계에 확산시켜나가는 데 앞장서 왔으며, 에티오피아 브라질 인도네시아 캄보디아 아랍에미리트 등 현재 10여 개국의 경제전반을 포괄하여 녹색성장계획을 수립하고 있다. 또한 GGGI는 농업국, 산유국 등 각기 상이한 경제발전 정도와 경제여건을 가진 다양한 지역에 있는 국가들을 대상으로 시행하고 있는 녹색성장 국가사업을 향후 2년 동안 20여 개국으로 확대할 계획이다.

녹색기후기금(Green Climate Fund)은 개도국의 기후변화대응을 지원하기 위하여 조성된 기후재원의 주 운용기관으로 2010년 기후변화 총회에서 설립되었다. GCF는 현재 102억 불의 초기재원을 확보하였는데 앞으로 본격적으로 활동하기 위해서는 재원규모, 재원 조달 및 운용방안 등 많은 사항들에 대해 유엔 기후변화협상

과정에서 논의되어야 한다. 2012 당사국총회는 2020년까지 1,000억 불을 조성하기로 합의하였는데 이 중 상당부분이 GCF로 지원되며 나머지는 적응기금(AF) 등 기존 환경관련 금융기구에도 지원될 것이다. GCF사무국의 인천 송도 유치는 녹색성장 선도국으로서의 우리의 역할에 대한 국제사회의 인정을 의미한다. 또한 녹색성장의 실천을 위해서는 기술 또한 필수 요소인 바, 우리나라는 보다 체계적이고 통합적인 녹색기술 및 산업 기반 조성을 위해 2012년 3월 녹색기술 전문기관인 녹색기술센터(GTC. Green Technology Center)를 설립하였다. 대 개도국 기술 전파는 보통 기술 그 자체만을 독립적으로 고려할 수 없으며 기술을 효과적으로 사용하기 위해서는 관련된 서비스가 수반되어야 하며 이를 위해서는 노하우와 지식의 공유가 필요하다. 녹색성장 전략을 담당하는 GGGI와 개도국에 대한 녹색기술 협력을 주도할 GTC 간의 협력은 녹색 전략과 기술을 융합하고 체계화하는 시너지 효과를 창출해낼 수 있을 것이다. 이를 위해서는 재원, 기술, 능력 개발을 통합적으로 추진(녹색 트라이앵글)하는 것이 효과적일 것이다.

향후 과제

기후변화 문제는 인류가 함께 대처해야 하는 지구적인 문제이다. 따라서 신기후체제 협상에서 우리나라를 비롯한 주요 배출국들은 국력과 그간의 배출책임에 걸맞는 감축안을 제시하여야 한다. 아울러 우리나라는 그간 경제발전 경험에 비추어 개도국에서 절실히 필요로 하는 이행수단의 효과성과 효율성 증진을 위한 논의에 적극적 참여를 통하여 협상타결에 기여해야 할 것이다. 각국이 능력과 기후변화에 대한 책임에 상응하는 역할을 하여야 한다는 것은 이미 기후변화 협약 등 국제적인 합의를 통하여 국제규범의 원칙이 되었다. 더 나아가 이를 단순히 의무로 보고 따라갈 것이 아니라 새로운 기회로 활용하여야 한다.

또한 우리는 GCF 유치국으로서 원활한 정책과 발전을 위하여 기후변화 협상에 적극적인 역할을 수행해야 한다. 우리의 입장을 보다 효과적으로 반영하기 위해서는 우리와 입장을 공유하는 국가들과 협력할 필요가 있으며, 이러한 맥락에서 뜻을 같이하는(like-minded countries) 24개 GGGI 회원국을 하나의 협상그룹으로 활용할 수 있는 전략이 필요하다.

마지막으로 녹색성장은 저탄소 전략, 자원 및 에너지 효율적인 기술, 순환경제(Circular Economy) 등 다양한 개념을 포괄하는 신성장 패러다임으로서 우리와 우리 자손들의 지속발전을 위한 유일한 옵션이다. 2012년 11월 우리나라의 녹색성장정책을 평가하는 '녹색성장 : 성과와 미래'라는 주제로 개최된 심포지엄에서 Dominic Barton 맥킨지 글로벌 회장은 녹색성장을 기반으로 한

New Economy를 우리가 필연적으로 가야 할 길임을 제시하였다. 이러한 측면에서 GGGI는 OECD가 새로운 경제 패러다임으로의 전환을 주도하는 역할을 할 수 있도록 지속적인 관심과 지원을 해야한다. OECD는 미·소냉전이 한창이던 1960년대 초반에 설립되어 사회주의 경제에 대항하여 시장경제의 장점을 전세계에 전파시키는 역할을 하였다. 이제 GGGI도 전세계에 녹색성장전략과 로드맵을 전파함으로써 자원이 부족해지고 환경이 파괴되어 가고 있는 미래에 인류가 나가야 할 방향을 제시하여야 할 것이다. 세계은행의 수석 이코노미스트를 역임한 니코라스 스턴 경이 언급한 바와 같이 환경과 기후변화는 우리에게 다가올 제3 산업혁명의 추동력이 될 것이며, 우리의 노력 여하에 따라서 제3 산업혁명의 주도권을 확보할 수 있는 기회가 될 것이다. 이러한 패러다임의 변화를 직시하고 이에 적극적으로 대응할 수 있을 뿐 아니라 이러한 현상을 국민들에게 적극적으로 설명하고 설득할 수 있는 리더십이 필요한 상황이다. 지난 세기 경제발전과 정치민주화를 통하여 개도국에서 선진국으로 진입한 국가는 일본과 우리나라 두 나라 뿐이라 해도 과언은 아니다. 우리나라의 성공사례는 현재 많은 개도국의 개발모델로 각광받고 있는데, 기후변화 대응도 개도국들이 배울 수 있는 성공모델이 되어야 한다. 개도국에서 인정받고 있는 코리아브랜드를 계속 발전시켜야 하는 것이 우리나라가 나갈 방향이기 때문이다.